Jacqueline Straub

Wir gehen dann mal vor

Jacqueline Straub

Wir gehen dann mal vor

Zeit für einen Mutausbruch

HERDER

FREIBURG · BASEL · WIEN

Für alle, die sich für eine lebendige Kirche einsetzen.

MIX
Papier aus verantwor-
tungsvollen Quellen
FSC® C014496
FSC
www.fsc.org

© Verlag Herder GmbH, Freiburg im Breisgau 2021
Alle Rechte vorbehalten
www.herder.de

Umschlaggestaltung: Gestaltungssaal, Rohrdorf
Umschlagmotiv: © Melanie Wetzel

Als deutsche Bibelübersetzung ist zugrunde gelegt:
Die Bibel. Die Heilige Schrift
des Alten und Neuen Bundes.
Vollständige deutschsprachige Ausgabe AΩ   AΩ DIE BIBEL
© Verlag Herder GmbH, Freiburg im Breisgau 2005

Satz: ZeroSoft SRL
Herstellung: GGP Media GmbH, Pößneck
ISBN Print 978-3-451-38728-9
ISBN E-Book: 978-3-451-82485-2

Inhalt

Vorwort

«Es tut sich was», das habe ich in letzter Zeit oft gedacht und von sehr vielen gehört. Sei es von Hauptamtlichen der Kirche, sei es von Menschen, die der Kirche bereits den Rücken gekehrt haben. Die Kirche steckt in einer ihrer tiefsten Krisen. Diese muss aber keineswegs in einer Katastrophe enden, sondern kann auch Chance für einen Neuaufbruch sein. Alle spüren Aufbruchsstimmung. Das, was in den letzten Jahren in Bewegung geraten ist, ist nicht mehr aufzuhalten – auch wenn gewisse Gruppierungen in der Kirche sich das wünschten. Die Kirche steht an einem Wendepunkt. Die Frage ist nun, ob sie den Sprung in die Zukunft schafft.

Wer sich für Reformen einsetzt, braucht Mitstreiter*innen und Menschen in seinem Umfeld, die Mut zusprechen. Ich bin froh, dass ich innerhalb und außerhalb der Kirche viele Menschen kennenlernen durfte und darf, die mir gerade in schwierigen Momenten neue Kraft schenken. Aber nicht nur das: Ich wurde bereits als kleines Kind so erzogen, dass ich träumen darf und meine Träume auch Realität werden können, wenn ich Wege suche und mich für sie einsetze. Mir wurde nie gesagt, dass ich als Mädchen gewisse Dinge nicht machen kann oder darf. Noch heute erzählt mir meine Mutter, wie ich als kleines Kind tollkühn die steilsten Hänge mit meinem Bobbycar hinunterdüste. «Unerschrocken warst du», sagte sie mir vor einigen Jahren. «Ich habe schon damals gewusst, dass du mutig und zielstrebig bist.» Auch auf dem Spielplatz wollte ich wohl immer auf die großen Rutschen. Natürlich bin ich manchmal gefallen, hab mich verletzt und meinen Eltern mit meinem unbändigen Mut so manche Sorgen bereitet. Doch ich stand wieder auf und spielte weiter. Diese Eigenschaft trage ich noch heute in mir: Ich möchte nach vorne schauen, bin durch Verletzungen stärker geworden und möchte die Freude an dem, was ich mache, und für das, wofür ich einstehe, nicht verlieren.

«Um ans Ziel zu kommen, musst du laufen. Bleibe nicht stehen», ermutigt mich meine Mutter immer wieder. Wenn ich meinen Weg, in der katholischen Kirche Reformen anzustoßen, nach der ersten Kritik an meiner Person verlassen hätte, würde ich heute nicht wissen, was bereits alles in Bewegung geraten ist – und vor allem hätte ich so viele wunderbare Begegnungen nie erleben können. Ich wüsste auch nicht, was in der Kirche schon alles gut läuft. Wenn ich auf die letzten zehn Jahre zurückblicke, kann ich sagen, dass so einiges ins Rollen gekommen ist. Und dafür lohnt es sich, auf diesem Weg auch in den nächsten Jahrzehnten voranzuschreiten.

«Behalte den Fokus und bleib fleißig», raten mir meine Eltern heute noch, wenn ich mich zu sehr über den Reformstau in der Kirche beklage. «Du schaffst das!» Gleichzeitig haben mir schon so viele fremde Menschen gesagt, dass ich meinen großen Wunsch, Priesterin zu werden, niemals erreichen werde und mein Einsatz für die Kirche vergebliche Liebesmüh sei. Ich begegne Menschen, die mich verletzen, weil sie mich oder meinen Einsatz für eine lebendige Kirche nicht akzeptieren. Sie haben ein anderes Kirchenbild und ließen mich schon häufiger per Post, E-Mail oder in Kommentaren in den Social Media wissen, dass ich eine «Zerstörerin der Kirche» sei und sicherlich in die Hölle kommen werde.

Meine Eltern haben mir beigebracht, dass ich diese Stimmen getrost überhören darf. Und immer, wenn ich mutlos und entkräftet bin, sagt tief in mir drin eine Stimme: «Steh auf und mach dich auf den Weg!» Als gläubige Person sage ich, dass es Gott ist. Also rappele ich mich wieder auf, begegne bald schon neuen Hindernissen und suche nach Lösungen, diese zu überwinden. Ich spreche darüber in Vorträgen und treffe unterwegs auf Menschen, die ein Stück oder sogar etliche Kilometer mit mir gehen, die mich bereichern und meinen Horizont erweitern.

Vor einigen Jahren war ich in Österreich zu einem Vortrag eingeladen. Ich war der erste Gast, der in dem gerade umgebauten Gästehaus übernachten durfte. Am nächsten Morgen begrüßte mich die Pensionsmutter mit einem üppigen Frühstück. Da ich noch ein paar Stunden bis zur Abreise zur Verfügung hatte, tauschten wir uns noch eine Weile «über Gott und die Welt» aus. Gegen Ende des Gesprächs sagte sie mit ernstem Ton: «Du brauchst unterwegs viel Mut.» Einige Monate später schickte sie mir einen Brief und schrieb: «Ich habe die Fabel vom Frosch, die ich damals kurz erwähnte, wiedergefunden. Hier nun schriftlich. Bleib stark und mutig wie der Frosch. Du schaffst das. Ich zähle auf dich!»

In der Fabel vom Frosch geht es um einen Wettlauf unter den Fröschen. Das Ziel ist der höchste Punkt eines großen Turmes. Viele Frösche sind versammelt, als der Wettlauf beginnt. Keiner der Zuschauer glaubt daran, dass es auch nur ein Frosch bis auf die Spitze des Turmes schaffen könnte, und sie quaken: «Sie werden es nie und nimmer schaffen!» Die Frösche klettern los, doch einer nach dem anderen gibt auf oder fällt vom Turm herunter. Bis auf einen. Dieser klettert und klettert. Er ganz allein schafft es schließlich unter großer Anstrengung bis zur Spitze des Turmes. Als er wieder herunterkommt, sind die anderen neugierig und wollen wissen, wie er das gemacht hat. Als sie so auf ihn einreden und er überhaupt nicht reagiert, merken sie, dass er taub ist! Inzwischen erzähle ich diese Geschichte gern bei meinen Vorträgen, weil sie mir Mut macht, auf mein Herz zu hören und mich weniger vom «Geschwätz» der Menschen beirren zu lassen. Mir ist natürlich bewusst, dass nicht jeder taube Frosch seine sich gesteckten Ziele erreicht. Aber es erst gar nicht zu versuchen, ist keine Option.

Die Tatsache, dass die katholische Kirche in einem akuten Reformstau steckt, geht nicht einfach so spurlos an mir vorüber. Das kann und will ich nicht hinnehmen. Deshalb erhebe ich meine Stimme immer wieder gegen die Ungerechtigkeit und setze mich ein für eine lebendige, barmherzige und liebevolle Kirche.

Und damit bin ich nicht allein. Darum erzähle ich in meinem Buch von Menschen, die unbeirrt ihren Weg gehen und in ihrem Wirken Jesus Christus stets in den Mittelpunkt stellen. Es sind die Menschen, die mir immer wieder neue Kraft schenken, derentwegen ich nicht resigniere und die mich gleichzeitig anspornen, so lange zu kämpfen, bis die erhofften Veränderungen nicht länger nur Träume sind. Sie alle verkörpern eine lebendige Kirche, so wie ich sie mir wünsche.

Angst überwinden

Mut zur Wut

Wut ist ein Wort, das in der katholischen Welt gerne ausgesperrt wird. Die letzten Jahre zeigen aber, dass die Basis sehr wohl wütend und fordernd sein kann. Doch: Wut darf es anscheinend in der Kirche nicht geben – schon gar nicht bei Frauen, die doch die «Erdbeeren auf der Torte» sind, wie Papst Franziskus einst betonte. Sicherlich würden gewisse Kleriker ihre Lai*innen gerne dazu aufrufen, liebenswerte, bescheidene und gefügige «Lämmer» zu sein. Der eigenen Wut wird gerne Frömmigkeit entgegengestellt. Wer fromm ist, ist normalerweise nicht wütend, sondern demütig und nimmt die Umstände so an, wie sie sind. Die katholische Amtskirche setzt bis heute voraus, dass nicht-geweihte Gläubige ihre Wut durch Beten in den Griff kriegen. Doch die Wut der Gläubigen ist inzwischen sichtbar geworden und schüchtert immer wieder Bischöfe und Priester ein. Wut impliziert, dass es laut ist, und wer wütend ist, macht auf einen Missstand aufmerksam oder zeigt einfach bloß, dass er anderer Meinung ist und endlich gehört werden möchte.

Papst Franziskus hat im Oktober 2014 im Vorfeld zur Familiensynode mit diesem Tabu gebrochen. Dass er sich in der Kirche eine offene Gesprächskultur wünscht, zeigt, dass er versucht, die Angststrukturen, über bestimmte Themen zu sprechen, nach und nach abzubauen: «Eine Grundbedingung dafür ist es, offen zu sprechen. Keiner soll sagen: ‹Das kann man nicht sagen, sonst könnte man ja schlecht über mich denken …› Alles, was sich jemand zu sagen gedrängt fühlt, darf mit Parrhesia (Freimut) ausgesprochen werden. Nach dem letzten Konsistorium (Februar 2014), bei dem über die Familie gesprochen wurde, hat mir ein Kardinal geschrieben: ‹Schade, dass einige Kardinäle aus Respekt vor dem Papst nicht den Mut gehabt haben, gewisse Dinge zu sagen, weil sie meinten, dass der Papst vielleicht anders denken könnte.› Das ist nicht in Ordnung, das ist keine Synodalität, weil man alles sagen soll, wozu man sich im Herrn zu sprechen gedrängt fühlt: ohne menschliche Rücksichten, ohne Furcht!»[1] Und auch beim Abschluss der Weltbischofssynode über Ehe und Familie im Jahr 2015 hat er die Bischöfe dazu aufgerufen, mehr Realitätssinn zu zeigen. Sie müssten das sehen, «was wirklich los ist», und nicht nur das, «was wir wirklich sehen wollen».[2]

Auf der Jugendsynode, im Jahr 2018, ermutigte Papst Franziskus die jungen Menschen, ihre Stimme zu erheben und ihre Meinung den Bischöfen kundzutun: «Ich lade euch dazu ein, euch in dieser kommenden Woche offen und voller Freiheit auszudrücken.»[3] Immerhin ermutigt der argentinische Papst regelmäßig, im Gespräch die Realität des kirchlichen Lebens darzulegen und nicht ein Wunschkonstrukt von Kirche zu entwerfen. Ob ihm dabei bewusst ist, dass immer mehr Gläubige nicht nur vorsichtig darauf hinweisen, wie ihre Lebenswelt aussieht, sondern inzwischen auch wütend sind, weil es nach wie vor eine große Anzahl von Bischöfen gibt, die nicht verstehen wollen, dass die Welt des Lehramts nicht ihre Realität abbildet?

Auch wenn heute noch immer gerne gesagt wird, dass Wut etwas Schlechtes und Unwürdiges sei, entdecken mehr und mehr Menschen in der Kirche die Wut für sich. Denn positive Wut kann so viel Energie freisetzen, um Dinge zu verändern. Wut gehört zur menschlichen Gefühlswelt und ist enorm wichtig. Wer wütend ist und dies zum Ausdruck bringt, zeigt, dass seine Grenzen verletzt wurden. Der oder die Wütende will seinen oder ihren Selbstwert verteidigen.

Wenn Männer ihrer Wut freien Lauf lassen, wird das – geschlechtertypologisch – als rationale Reaktion gesehen, bei Frauen hingegen ist es eine emotionale Nicht-Kontrolle. Victoria Brescoll und Eric Uhlmann von der Yale University und der Northwestern University haben in einer Studie zeigen können, dass die gleiche Wut-Situation bei Männern und Frauen unterschiedlich bewertet wird. Wütenden Frauen wird unprofessioneller Kontrollverlust zugesprochen, Männern hingegen Durchsetzungsvermögen.[4] Bei Männern wird in ihrer Wut eine äußere Ursache vermutet, bei Frauen hingegen gingen die Probanden davon aus, dass sie von inneren Ursachen getrieben seien und sie beispielsweise unausgeglichene oder gar rachsüchtige Personen seien. Dass wir Männer und Frauen, die wütend sind, unterbewusst anders beurteilen, zeigt, dass noch immer ein struktureller Sexismus in unseren Köpfen existiert.

Einmal erzählte mir eine Frau von einer Begebenheit in der Sakristei: Ein Bischof sollte bei einem Jubiläum einer Frauengemeinschaft einen Gottesdienst halten. Als er in die Sakristei trat, dachte er, dass er nur unter Männern sei. Eine Frau befand sich aber um die Ecke und zündete die Kerzen an. Sie konnte hören, dass der Bischof sagte: «Ach, jetzt muss ich auch noch mit den keifenden Frauen einen Gottesdienst feiern.» Ich glaube, dass er die Wut der Frauen, die sich seit Jahren für Reformen einsetzen, mit Aggressivität verwechselt hat. Nichtsdestotrotz: Wut ist nichts Schlechtes. Und für mich passt es auch zusammen, wütend und fromm zu sein. Denn ich finde, dass man seine Wut – und kein Mensch ist davon befreit – nicht einfach herunterschlucken darf, nur weil manch einer in stereotypischen Klischees denkt und die Begegnung mit verärgerten Frauen scheut.

Ich spüre, wie die Wut innerhalb der katholischen Kirche immer größer wird und dass daraus eine positive Kraft entsteht, die viele vorantreibt und zum Nachdenken anregt, wie sie sich für ihre Kirche stark machen können. Die Lai*innen schweigen nicht mehr und nehmen die Worte und Vertröstungen ihrer Bischöfe nicht mehr einfach so hin. Aussagen wie «Ich bin doch nur ein Bischof und kann

nichts ändern» werden nicht mehr widerstandslos hingenommen, sondern mit einem klaren «Doch, können Sie!»
begegnet.

So ist mein Plädoyer: Habt Mut zur Wut! Denn positive, konstruktive Wut kann etwas verändern.[5] Wer wütend
ist, stellt etwas infrage, ist bereit, für seine Visionen zu
kämpfen. Die Wut kann Mut mit sich bringen, Dinge neu
zu gestalten. Es braucht unbedingt mehr wütende und
mutige Menschen. In den letzten Jahren ist in der Kirche eine Kultur der Wut erwacht. Diese wird hoffentlich
auch nicht so schnell wieder verschwinden. Die Angstspirale in der katholischen Kirche kann durch Wut, viel
Mut und beherztes Handeln durchbrochen werden. Denn
viele Gläubige, die früher aus Angst um ihr Seelenheil geschwiegen haben, tun dies heute nicht mehr. Es ist nun an
der Zeit, dass die Bischöfe von mutigen Wutausbrüchen
angesteckt werden und selbst beginnen, sich für eine Veränderung der Kirche stark zu machen.

Streikende und kämpfende
Marias und Josefs

«Jacqueline Straub, wir streiken für dich», stand auf einem
Plakat, das eine Frau fröhlich in die Kamera hielt. Das
Foto schickte sie mir während einer der ersten Maria-2.0-
Demonstrationen per E-Mail. «Auch wenn ich selbst
keine Priesterin werden möchte, ich kämpfe für dich»,

schrieb mir die streikende Maria. «Es wird Zeit, dass wir Frauen endlich gleichberechtigt werden. Ohne die Basis und insbesondere ohne die Frauen kann unsere Kirche einpacken.» Ich war tief berührt über diese Solidarität und hatte Freudentränen in den Augen. Gleichzeitig hat es mir neue Kraft auf meinem Weg gegeben. Es dürfte wohl klar sein, dass sich kein vernünftig denkender Mensch eine Kirche ohne Frauen vorstellen kann. Frauen beleben die Pfarreien ungemein und vermitteln den Glauben an die Kinder weiter. Inzwischen sehen sie sich aber kaum mehr nur in der dienenden Position derjenigen, die daheim den Kindern brav aus der Bibel vorlesen und sonntags nach der Messe noch einen Rosenkranz für die Enkelkinder beten. Viele Frauen schmücken den Kirchenraum mit Blumen, kümmern sich um die Alten und Kranken in der Gemeinde, organisieren Pfarreifeste, Ministranten-ausflüge und Erstkommunionstreffen. Sie wirken aktiv im Pfarrgemeinderat mit, unterrichten Kinder und Jugend-liche in der Religionslehre, sind Seelsorgerinnen, dozieren an theologischen Fakultäten oder haben ihren Platz in den bischöflichen Ordinariaten oder in der Römischen Kurie. Die Katholik*innen in den deutschsprachigen Ländern sind laut, sie haben ein Programm und handeln beherzt. Sie wollen gehört werden und rebellieren für Gleichbe-rechtigung in der Kirche. So standen im Mai 2019 plötz-lich viele treue Kirchgänger*innen mit Plakaten vor den Kirchenhäusern, feierten auf den Plätzen und Wiesen Gottesdienste, sangen gemeinsam und machten öffentlich auf den Reformstau in der Kirche aufmerksam. Frauen legten hierfür ihre Ehrenämter für eine Woche nieder. Sie wollten aufzeigen, was sie alles für die Kirche tun und wie die Amtskirche dennoch mit dem Weiblichen umgeht, obwohl es gerade die vielen Frauen sind, die die Kirche in den letzten Jahrzehnten am Leben erhalten haben. Auch in Zeiten von sexuellem und geistlichem Missbrauch, der überwiegend von geweihten Männern verübt wurde[6], sind es die Frauen, die ein gutes Bild von gelebter Kirche vermitteln und so manche Menschen davon abhalten, die Kirche zu verlassen. «Solange es noch Menschen wie euch in der Kirche gibt, werde ich nicht gehen», habe ich in der Maria-2.0-Aktionswoche unzählige Male gehört. Der Aufstand der frommen Katholikinnen sorgte für Wirbel. Sogar die internationale Presse berichtete über die mit Plakaten «bewaffneten» Frauen. Medien aus aller Welt, darunter die polnische, die bosnische, kroatische, griechische, englische und amerikanische Presse berichteten darüber. Sogar bis nach Russland drang die Nachricht der streikenden Marias.[7]

Der landesweite Protest schlug so hohe Wellen, dass sich innerhalb kürzester Zeit immer mehr Frauen der Aktion «Maria 2.0» anschlossen und in ihren Dörfern und Städten Aktionen organisierten. Von überall erhielt ich Nachrichten von Frauen, die mir bekundeten, dass sie nicht länger schweigen und nun protestieren werden. Flächendeckend haben Katholik*innen in Deutschland, aber auch in Österreich, der Schweiz und in Belgien vor den Kirchen Gottesdienste gefeiert, Protestmärsche durch Städte veranstaltet, Unterschriften gesammelt und sie ihren Bischöfen offiziell überreicht.

Manch ein Bischof fürchtete, dass die Aktion «Maria 2.0» die Kirche gar spalten könne. Das Bistum Dresden-Meißen betonte, dass die Forderung nach den Weiheämtern gegen «die Tradition und Lehre unserer Kirche» verstoße. Andere Bischöfe hingegen begrüßten den Mut der Frauen und erkannten darin auch «eine ganz tiefe Verletzung», wie beispielsweise der Hildesheimer Bischof Heiner Wilmer sagte. Er hat sicherlich Recht, denn viele der engagierten Frauen wurden über Jahrzehnte hinweg von der Kirchenleitung zu wenig wahrgenommen, ernstgenommen und vor allem viel zu wenig wertgeschätzt.

Die Reaktionen einiger Bischöfe zeigten deutlich, dass sie überfordert waren mit den lauten, kämpfenden Marias. Ebenso oder ähnlich verhält es sich auch in der zivilen Gesellschaft. Sobald Frauen fordern, werden sie als aggressiv wahrgenommen. Sobald sie ihre Stimme erheben, sind sie aufmüpfig. Das will in so manches patriarchale-bischöfliche Weltbild einfach nicht passen. Die streikenden Frauen haben die Geistlichen zum Nachdenken angeregt – über das Verhalten der Amtskirche ihnen gegenüber und ihrer eigenen Rolle im Kirchensystem.

Trotz aller Kritik haben die Frauen und die unterstützenden Männer ihre Aktionswoche munter weitergeführt. Was die Frauen und Männer von «Maria 2.0» definitiv geschafft haben, ist, das Gespräch in Gang zu setzen. Sie haben den Raum für den innerkirchlichen Dialog geöffnet. Ganz Deutschland sprach auf einmal über die Frauen, die sich gegen die männerbündische kirchliche Hierarchie auflehnten. Egal, welche Zeitung man aufschlug, welchen Fernsehsender man einschaltete, immer wurde über die Katholik*innen gesprochen, ja von den Medienschaffenden wurden sie für ihren Mut gar bejubelt. «Endlich», das war das Wort dieser Woche. «Endlich steht die Basis auf. Endlich streikt sie.»

In den letzten Jahren wurde mir bei meinen Vorträgen mehrmals gesagt: «Wenn die Basis mal ein halbes Jahr lang streiken würde, dann würde alles zusammenbrechen», oder auch: «Warum streiken wir nicht mal alle? Legen unsere Ehrenämter nieder?» Diese Ideen von einzelnen Gläubigen sind nun umgesetzt worden und haben eine große Menschenmenge zur Mitarbeit motiviert. Vermutlich war es der richtige Zeitpunkt, weil viele Menschen keine andere Möglichkeit mehr sahen, ihren Unmut gegenüber der Amtskirche auszudrücken. Selbst die großen Austrittswellen aus der Kirche lassen die meisten Bischöfe ziemlich kalt. Jahrelang wurde diskutiert, die Bischöfe demütig um Dialog gebeten, und was ist passiert? Nichts. Durch die Aktionen von «Maria 2.0» und den in den Medien genannten «Kirchenstreik» sahen sich die Bischöfe gezwungen, von nun an genauer hinzuhören. Zu groß waren die Massen vor den Kirchen, zu groß das mediale Aufgebot, um sich einer Stellungnahme zu entziehen.

Synodale Weg

Die deutschen Bischöfe wurden durch die gut geplante und koordinierte Aktion der deutschen Kirchenfrauen dazu gebracht, sich mit Themen auseinanderzusetzen, die auf der Reform-Agenda schon lange ganz oben stehen: Gleichberechtigung der Frauen in der Kirche, Transparenz in den Missbrauchsaufklärungen, die Frage des Priesterbildes und der Hierarchie.

Der Frust und die Sehnsucht nach einer glaubwürdigen Kirche, die sich in den Protesten äußerten, führten die Kirche auf den «Synodalen Weg». Dies zeigt: Der Wunsch nach echten Reformen in der Kirche liegt vielen engagierten Christ*innen am Herzen. Dass nun Katholik*innen für ihre Rechte eintreten, betrachte ich als «Zeichen der Zeit»[8], als eine notwendige und notwendende Aktion, die vom Heiligen Geist geleitet ist.

Und in manch einem Bischof bewegte das Aufkommen von Maria 2.0 und der Synodale Weg etwas: So fordert der Vorsitzende der Deutschen Bischofskonferenz, der Limburger Bischof Georg Bätzing, Fortschritte in der Gleichberechtigung von Frauen auf allen Ebenen des kirchlichen Amtes, «und das wird nicht enden an der Grenze des sakramentalen Amtes. Das sage ich voraus, und ich hoffe es auch.»[9] Das sind deutliche Worte, die auf eine zukunftsfähige Kirche hindeuten.

Zu den streikenden Marias gesellen sich in der Zwischenzeit auch etliche Josefs. Nach einem Vortrag kam ein Mann mit einem Banner auf mich zu und erklärte mir, dass er jeden Sonntag damit vor dem Dom in Trier stehe. «Ich habe jahrelang geschwiegen. Alles einfach hingenommen. Nun ist die Zeit vorbei. Mein Bischof soll wissen, dass ich den Reformstau nicht mehr ertrage.» Auf seinem selbst gemachten Tuch stand: «Lieber Papst, Liebe Kardinäle, Liebe Bischöfe, Ihr müsst ja nicht gleich lieben. Aber: Achtet die Frauen, wie Ihr selbst geachtet werden wollt. Sundays of Solidarity. Josef 2.0». Ich fragte ihn, ob er denn Mitstreiter hätte. Er verneinte. Einige Wochen später ließ er mich via Facebook wissen, dass sich weitere Männer seiner Aktion angeschlossen haben – in Trier und in anderen Bistümern. Innerlich habe ich Freudensprünge gemacht, als ich davon erfahren habe. Denn all diese Menschen repräsentieren für mich eine Kirche, die den Mut zur Veränderung hat. Sie lieben ihre Kirche, darum setzen sie sich ein.

Dass Frauen und Männer laut wurden, ist aus meiner Sicht der erste richtige Schritt, um Veränderungen herbeizuführen. Doch wir dürfen nicht so schnell aufgeben. Denn in der Kirche dauert bekanntlich alles etwas länger. Die lauten Marias und Josefs haben vielen anderen Menschen Mut gemacht, nicht aus der Kirche auszutreten oder sich sogar wieder für eine lebendige Kirche zu engagieren. Diese Hoffnung – gepaart mit Unzufriedenheit über die momentane Situation – hat zu einer Dynamik geführt, die nicht mehr aufzuhalten ist. Wichtig ist nun, dass die Begeisterung nicht abklingt, dass Frauen und Männer in der Kirche weiterhin am Ball bleiben und den Bischöfen zeigen, dass sie viel Zeit und Ausdauer für ihre Proteste und Aktionen mitgebracht haben.

Der Heilige Geist drängt zum Wandel

Als ich vor ein paar Jahren für ein Austausch-Seminar meiner Universität in Polen war, spürte ich deutlich, wie verbreitet die Angst vor einer zukunftsfähigen Kirche ist: Für die junge Studentin, die löchrige Jeans und eine durchsichtige Bluse mit Spitzen-BH trug, war schon allein der Gedanke daran, dass andere sich für Reformen einsetzen, eine Sünde. Ich war verwirrt. Denn äußerlich wirkte sie so modern und rebellisch. Eine Diskussion mit ihr war allerdings nicht möglich, denn ich konnte förmlich ihre Angst sehen, nicht dem zu genügen, was in ihren Augen vom katholischen Lehramt gefordert wird: absoluter Gehorsam und Loyalität. Die Begegnung hat mich ratlos und in gewisser Weise auch frustriert zurückgelassen.

In den letzten Jahren habe ich immer wieder Nachrichten erhalten, aus denen die Angst nur so quillt. Mir wird prophezeit, dass ich wegen meines Einsatzes für Reformen in die Hölle käme. Unzählige Male schon schrieben mir unbekannte Personen, dass sie um mein Seelenheil bangten. Immer wieder wird versucht, mir Angst einzuflößen, auch mit dem Hinweis darauf, dass meine Aussagen nicht jenen von Papst Johannes Paul II. entsprächen und ich somit keine gute oder gar keine Katholikin sei. Ich gehöre exkommuniziert, höre ich derweilen. Es gibt Menschen, die versuchen, mich wieder «auf den richtigen Weg» zu bringen und vieles mehr. Dieses Angstschüren hat bei mir nie gewirkt und ich habe einen Weg gefunden, mit solchen Aussagen umzugehen. Ich weiß aber aus eigener Erfahrung, dass der Druck der Mitchrist*innen mithilfe der päpstlichen Verlautbarungen oder der Bibel, dieses Mahnen mit dem erhobenen lehramtlichen Zeigefinger, nicht an allen spurlos vorübergeht.

Der Gedanke, dass man in die Hölle kommt, wenn man zu gewissen Themen eine andere Meinung vertritt als der Priester, der Bischof oder der Papst, muss aus meiner Sicht dringend überwunden werden. Der blinde Gehorsam gegenüber der kirchlichen Institution muss reflektiert werden. Für manche ist es ein schmerzhafter Prozess, sich von dieser Angst zu befreien[10], denn sie müssen sich eingestehen, dass sie Jahre oder sogar Jahrzehnte etwas glaubten, das theologisch nicht fundiert ist oder sogar der Haltung Jesu widerspricht. Selbst über Themen nachzudenken und sich mit Argumenten in der theologischen Debatte auseinanderzusetzen, das steht nun an. Bereits der Apostel Paulus hat die Menschen dazu aufgerufen, stets nach Freiheit zu streben: «Ihr seid zur Freiheit berufen, Brüder und Schwestern.» (Galater 5,13) Doch der Befreiungsprozess aus der Angst ist nicht immer einfach, vor allem dann, wenn Menschen im eigenen Umfeld immer wieder darauf hinweisen, dass man auf dem falschen Weg ist oder für seine Gedanken sogar in die Hölle kommt, zweifelt man an sich.

«Wir müssen die Angst überwinden», höre ich in den letzten Jahren immer wieder von verschiedenen Seiten und spüre gleichzeitig, dass sie gewissen Menschen in der

Kirche nach wie vor tief in den Knochen steckt. Das ist verständlich. Denn hohe Kleriker greifen durchaus zu Repressalien. Immer wieder werden Menschen in der katholischen Kirche exkommuniziert oder ermahnt, weil ihre Aussagen oder Handlungen von der offiziellen Lehre der katholischen Kirche abweichen.[11]

Angedrohte Strafen oder das mögliche Ausbremsen der Karriere schrecken ab. Die Glaubenskongregation ist sich dieses abschreckenden Effekts der Exkommunikation durchaus bewusst und benutzt sie denn auch gezielt als Machtmittel, um potenzielle «Unruhestifter» von vorneherein zum Schweigen zu bringen.

Hinter dieser Haltung des Lehramts steckt meiner Meinung nach selbst Angst. Angst, jene oder jener könnte zu weit gehen und die lehramtlich beanspruchte Autorität infrage stellen und vor allem «gefährliche» Reformen anstoßen. Ich denke, dass die Angst vor neuen Wegen aus mangelndem Glauben kommt. Wer tief im Glauben verwurzelt ist und auf den Heiligen Geist vertraut, kann sich getrost von ihm treiben lassen und braucht nicht gegen ihn anzukämpfen. Oftmals wird der Heilige Geist in der Kirche als «Zeitgeist» abgetan, gegen den es vorzugehen gilt. Doch versündigt sich die Kirche nicht, wenn sie gegen den eigenen Schöpfer kämpft?

Solange wir als Kirchenmitglieder, vor allem aber auch das Lehramt, in dieser lähmenden Angst stecken bleiben, werden die zahlreichen Krisen, die in Europa und in der Welt sichtbar sind, nicht zu bewältigen sein. Katholik*innen müssen sich noch mehr aus den Fesseln der Angst befreien und auf das Wirken des Heiligen Geistes vertrauen – auch wenn dieser Weg für manche von uns unbequem, innovativ und anders als gedacht sein wird.

Vor ein paar Jahren schrieb mir ein junger Mann, dass er immer gegen das Frauenpriestertum war. Ihm wurde vorgelebt, dass nur Männer Priester sein können, ihm wurde gesagt, dass er sich daran zu halten habe, weil es der Lehre der katholischen Kirche entspreche. Doch dann sah er mich im Fernsehen und war begeistert von meiner Art, Dinge zu erklären, und vor allem auch, wie sehr mein Herz für die Kirche brenne. Meine Argumente für Gleichberechtigung klangen für ihn schlüssiger. Er ließ mich wissen: «Ich habe mich mit deiner Ansicht intensiv auseinandergesetzt, darüber nachgedacht und gebetet. Und ich habe meine Meinung nun geändert», stand in seiner E-Mail. Er habe keine Angst mehr, auf den Heiligen Geist zu vertrauen. Diese kurze E-Mail-Begegnung hat mich innerlich aufspringen lassen. Denn ich spürte in seinen Zeilen, wie stolz er war, sich aus einer Angstspirale befreit zu haben. In diesem Moment dachte ich wieder an die polnische Studentin und fragte mich, ob sie wohl inzwischen Reformthemen nicht mehr so ängstlich gegenüber steht.

«Kirche stand noch nie still. Sie wird es auch in Zukunft nicht tun», sagt mir ein guter Priesterfreund bei jedem Telefonat. Wenn wir daran glauben, dass die Kirche vom Heiligen Geist geleitet ist, dann müssen wir auch davon ausgehen, dass dieser es ist, der die Kirche antreibt und bewegt. Papst Franziskus predigte im April 2013 im Rahmen einer Werktagsmesse: «Der Heilige Geist drängt zum Wandel, und wir sind bequem.» Und: «Um es klar zu sagen: Der Heilige Geist ist für uns eine Belästigung. Er bewegt uns, er lässt uns unterwegs sein, er drängt die Kirche, weiterzugehen. Aber wir sind wie Petrus bei der Verklärung, ‹Ah, wie schön ist es doch, gemeinsam hier zu sein›. Das fordert uns aber nicht heraus. Wir wollen, dass der Heilige Geist sich beruhigt, wir wollen ihn zähmen. Aber das geht nicht. Denn er ist Gott und ist wie der Wind, der weht, wo er will. Er ist die Kraft Gottes, der uns Trost gibt, und auch die Kraft, vorwärtszugehen. Es ist dieses ‹Vorwärtsgehen›, das für uns so anstrengend ist. Die Bequemlichkeit gefällt uns viel besser.»[12] Und weiter befragte Franziskus die Zuhörer*innen, ob alles getan wurde, was der Heilige Geist im Zweiten Vatikanischen Konzil gesagt hat. «Wir wollen uns nicht verändern, und es gibt sogar auch Stimmen, die gar nicht vorwärts wollen, sondern zurück: Das ist dickköpfig, das ist der Versuch, den Heiligen Geist zu zähmen. So bekommt man törichte und lahme Herzen.»

Als gläubige Person setze ich auf das Wirken der Heiligen Geistkraft und sehe in ihr Hoffnung für die Gesamtkirche. Denn je dynamischer die Geistkraft wirkt, desto stärker bleibt die Kirche in Bewegung. Oder um es mit Kardinal Karl Lehmann zu sagen: «Die Erneuerung muss tief aus Glauben, Hoffnung und Liebe kommen.»[13]

«Kirche der Angst muss endlich vorbei sein»

Die Angstkultur kann nur durch gemeinsames, globales Handeln überwunden werden. Nur wenn Menschen zusammenstehen, sich gegenseitig unterstützen und bestärken. In vielen Reformanliegen der katholischen «Welt-Kirche»[14] spüre ich, wie dies geschieht. Menschen werden frei von kirchlicher Angst und erheben ihre Stimme. Nicht mehr die Angst beherrscht ihr Leben, sondern ihr Streben nach Freiheit.[15] So erlebe ich Aufbruch, wenn Menschen aus der ganzen katholischen Weltkirche ihre Stimmen erheben, um etwa gegen die Ungleichbehandlung von Frauen aufmerksam zu machen. Die internationale Organisation *Voices of faith* hat Frauen mit der Kampagne *#overcomingsilence* aufgerufen, ihre Stimme dafür zu erheben, dass auch Frauen die Möglichkeit gewährt wird, an kirchlichen Entscheidungen gleichberechtigt teilzuhaben. Frauen und Männer sollen die Möglichkeit haben, ihre Stimme zu erheben und sich in den kirchlichen Willensbildungsprozess einzubringen. Wenn viele laut sind, baut sich die Angst von selbst ab.

Überall dort, wo Menschen zusammenstehen, kann diese Machtausübung gebrochen werden. Überall dort, wo Menschen sich gemeinsam für ein großes Ziel einsetzen, können sie kaum mehr überhört werden. Das braucht viel Mut! Aber nur so kann die Kirche aus dem Zustand der Angst befreit werden. In einigen Gemeinden ist die Zeit einer angstfreien Kirche bereits angebrochen. Ein typisches Beispiel dafür ist für mich die Katholische Hochschulgemeinde (KHG) Köln: Im November 2020 stand ihr Team wegen eines Positionspapiers zur Zukunft der Kirche im Interesse der Öffentlichkeit. Im Thesenpapier wurde Kritik an der katholischen Sexualmoral geübt, eine wachsende Kluft zwischen der Kirche und der Lebenswirklichkeit junger Menschen benannt und ein «rückständiges» Auftreten bemängelt, mit dem kirchliche Amtsträger immer wieder Menschen verletzen. Zudem nahm das Positionspapier Stellung zum Thema Frauen in der Kirche, Homosexualität und Umgang mit Missbrauch. Das Erzbistum war über so viel «Progressivität» nicht erfreut und zückte die Macht-Karte: Vorübergehend stellte das Erzbistum die Homepage der KHG offline, die Hochschulgemeinde musste alle Programmhefte, in denen die Thesen abgedruckt waren, wieder einsammeln, und es drohten gar arbeitsrechtliche Schritte. In einem Interview forderte die Pastoralreferentin der KHG, Martina Schäfer-Jacquemain: «Es muss endlich vorbei sein mit einer Kirche der Angst.»[16] Sowohl die Angestellten der KHG, katholische Jugend- und Frauenverbände als auch Gläubige ließen diese perfide Machtausübung des Erzbistums nicht auf sich sitzen. «Eine Kirche, die kritische Stimmen unterdrückt, hat keine Zukunft», erklärte der Diözesanverband Köln des Bundes der Deutschen Katholischen Jugend (BDKJ).

Diese Vorfälle könnte man als «typisch Kirche» abtun. Ich möchte meinen Blick aber auf jene richten, die sich nicht beugen lassen, standhaft bleiben und weiterhin für eine lebendige Kirche kämpfen. Und das tat die KHG. Sie stand zu ihrem Positionspapier und übte weiterhin Kritik, obwohl ihnen arbeitsrechtliche Schritte angedroht wurden.

Die Kritik am Erzbistum Köln und namentlich an Kardinal Rainer Maria Woelki wurde immer lauter. Auf Social Media und darüber hinaus entstand eine Welle der Solidarität mit der KHG, und in einem Video des Netzwerkes *Ruach.jetzt* wurde das Positionspapier von verschiedenen Gläubigen nochmals verlesen und breit gestreut. Mir zeigt das, dass ein klerikales Machtverhalten nicht einfach mehr hingenommen wird, und es freut mich, dass wieder ein kleiner Angstzirkel durchbrochen wurde.

Die finanzielle Abhängigkeit von der Kirche war in der Vergangenheit oft ein Grund, nicht provokativ aufzutreten. Eine Frau, die hauptamtlich in einer Pfarrei arbeitet, sagte zu mir: «Ich lass mir meine Kirche nicht von denen kaputt machen.» Mit «denen» meinte sie Würdenträger, die angstgetrieben sind. «Ich habe viel zu lange meinen Mund gehalten. Ich schweige nicht mehr.» Die Bibel spreche immer von Freiheit, betonte sie. «Warum sind wir dann in der Kirche noch immer gefangen in unbegründeten Ängsten?» Sie möchte das nicht mehr, ließ sie mich deutlich wissen. Angst zu überwinden, braucht Zeit.

Doch der Aufbruch ist spürbar: Unzählige empören sich auch weiterhin über Vertuschung und Deckung von Missbrauchstätern und füllen nach einer nicht akzeptablen Aussage ihrer Bischöfe die Pfarreiblattspalten mit feurigen Appellen. Sie bieten ihren Priestern Paroli und lassen sich nicht mehr von der kirchlichen Angst übermannen.

Nach einem meiner Vorträge zum Thema Frauenpriestertum kam ein Paar auf mich zu, das als Pastoralreferenten in einer Pfarrei tätig ist. Sie erzählten mir, dass ihr Priester beim wöchentlichen Hauptamtlichen-Treffen sagte, er wolle nicht, dass sie zu meinem Vortrag gehen. Manche vom Team kamen tatsächlich aus Angst vor der Reaktion ihres Chefs nicht zu der Abendveranstaltung. Das Theologen-Ehepaar trotzte den Anweisungen, denn sie sind davon überzeugt, dass die Zeiten, in denen ein Priester allen seine Meinung aufdrücken konnte, für sie endgültig vorbei sei. «Und ganz ehrlich», sagte der Pastoralreferent im Anschluss zu mir, «unserem Chef hätte es gutgetan, wenn er zu Ihrem Vortrag gekommen wäre».

Um Reformen wirkmächtig umzusetzen, bedarf es zuerst einer schonungslosen Analyse des Ist-Zustandes. Allein das System der Angst in der Kirche hat zu einer Lähmung des gesamten kirchlichen Lebens mit verheerenden Langzeitfolgen geführt und Menschen dazu getrieben, sich von der Kirche abzuwenden. Missbrauchsbetroffene haben aus Angst vor Repressionen geschwiegen – oder weil ihnen eingebläut wurde, eine Anzeige des Täters würde dem Image der Kirche schaden. Auch Frauen haben sich klein gemacht, weil ihnen permanent gesagt worden ist, dass ihnen in der Kirche ein minderer Platz zukomme als Männern. Gemeindemitglieder litten und leiden noch heute unter der klerikalen Macht ihrer Priester. Bischöfe haben die Reformanliegen ihrer Gläubigen überhört, um sich nicht in Rom dafür rechtfertigen zu müssen. Aber: Nur wenn das Klima der Angst in der Kirche überwunden wird, können Reformen auch wirklich in die Tat umgesetzt werden. Und die Kirche – nicht nur im deutschsprachigen Raum – muss sich den vielfältigen Ängsten stellen und diese abbauen, die tief im kirchlichen System verankert sind. Dass Machtstrukturen und Angstzustände in der Kirche so offen – wie etwa beim Synodalen Weg – diskutiert werden, zeigt immerhin, dass die Kirche in Deutschland bereits auf dem Weg der Veränderung ist. Sie stellt sich der Gegenwart und sucht nach Lösungen für die Zukunft.

Reaktionäre Stimmen dürfen ihre Ängste und Befürchtungen durchaus äußern, aber ihre Angst darf keinesfalls übermächtig werden und schon gar nicht dazu missbraucht werden, innerkirchliche Reformen zu verhindern. Klerikale Macht hat in den letzten Jahrzehnten zu einer immensen Angst in der Kirche geführt. Das Rebellieren von Katholik*innen ist ein Indiz dafür, dass die Macht der Geweihten langsam, aber sicher bröckelt. Aber: Bevor Reformen vollumfänglich umgesetzt werden können, müssen Menschen ihre Angst überwinden. Denn Angst hemmt davor, Reformen anzupacken und umzusetzen. Die vielen Reformgruppen und ihre Aktionen zeigen mir, dass etwas aufbricht in der Kirche, das nicht mehr rückgängig gemacht werden kann.

Für Ziele kämpfen

«Du schaffst das. Bleib dran»

Als im Februar 2021 die Schweiz 50 Jahre Frauenstimmrecht feierte, diskutierte ich mit meiner Arbeitskollegin, ob wir Frauen heute unpolitischer sind, weil wir nie für unsere Rechte haben kämpfen müssen. Just in diesem Moment musste ich an eine Kommilitonin denken, die mir im ersten Semester sagte, dass ich doch dankbar sein soll, überhaupt Theologie studieren zu dürfen, und warum ich nun noch mehr einfordern wolle. «Weil es um Gleichberechtigung geht – und um meine Berufung», hatte ich damals erwidert. Ich erzählte meiner Kollegin von den vielen Frauen und Männern, die sich heute stark machen für die Besserstellung der Frauen in der Kirche. Dabei fiel mir wieder auf, dass die Schweiz vor über 50 Jahren dieselben Argumente verwendete, um Frauen vom Frauenstimmrecht abzuhalten, wie ich sie heute auf meinem Weg zu einer geschlechtergerechteren Kirche oft zu hören bekomme. Die Gründe, warum Frauen damals nicht wählen und schon gar nicht Politik betreiben durften, sind aus heutiger Sicht abstrus: «Die Frau gehört ins Haus und an den Herd», «Frauen wollen gar kein Stimmrecht», «Die Politik ist ein zu unsicheres und schmutziges Geschäft für eine Frau», «Frauen, die sich aktiv in der Politik beteiligen, könnten ihre Weiblichkeit verlieren», und so weiter. Nicht selten wurde es auch als «göttliche Ordnung» angesehen, in der nur der Mann Politik und Gesellschaft gestalten durfte.

Ich erinnere mich in diesem Kontext an ein Gespräch mit einem sehr reaktionären Schweizergardisten. Wir trafen uns an einem Sommertag in Bern und saßen zwei Stunden auf einer Parkbank direkt beim Berner Münster. Er versuchte mir zu erklären, dass Emanzipation gegen die menschliche Natur und die göttliche Ordnung sei. Gott habe klare Geschlechterrollen vorgeschrieben. Werden diese übertreten, versündigen wir uns, so seine Meinung.

Er ist nicht der Einzige, der so denkt. «Frauen haben eine andere Berufung», «Frauen wollen gar keine Priesterinnen oder Diakoninnen werden» und «Macht ist etwas für Männer» sind gängige Argumente in diesen Kreisen. Als ich dem Schweizergardisten erwiderte, dass ich einige Frauen kenne, die eine priesterliche oder diakonische Berufung spüren, war er der festen Überzeugung, dass sie sich irrten, denn «Gott will keine Priesterinnen. Die Bibel ist da sehr deutlich».

Nun, die Bibel spricht nicht einmal gegen Priesterinnen. Gleichberechtigung ist bereits in der Schöpfungsgeschichte angelegt. Dass auch im Neuen Testament etliche Stellen für eine Gleichstellung stehen, wollte er nicht gelten lassen – vermutlich, weil sie nicht in sein Weltbild passen. Auch sagte er, dass man Frauen vor Klerikalismus schützen müsse und Frauen als Priester ihre Weiblichkeit verlören. Das Gespräch mit dem Schweizergardisten hätte auch glatt eine Konversation im Schweizer Film *Die göttliche Ordnung* sein können. Nur, dass dazwischen fast 50 Jahre liegen.

Damals haben die Schweizerinnen sich gegenseitig Mut zugesprochen und haben daran geglaubt, dass sie ihre Ziele erreichen werden. Trotz Widerstände und Rückschläge haben sie immer wieder ihre Stimme erhoben und blieben unbequem. Wo stünden wir heute, wenn sie alle nach der ersten negativen Reaktion aufgegeben hätten?! Viele dieser Frauen starben, bevor das Frauenstimmrecht eingeführt wurde. Aber: Sie haben einen Grundstein gelegt.

Einen solchen haben auch feministische Theologinnen in den vergangenen Jahrzehnten gelegt, indem sie sich auf die Wurzeln des Christentums zurückbesannen. Eine davon möchte ich hier namentlich erwähnen: Die amerikanische Theologin Bernadette Joan Brooten von der renommierten Brandeis-University legte Ende der 1970er-Jahre eine bahnbrechende Studie zur Apostelin Junia vor. Bislang figurierte Junia im Kanon der Heiligen Schrift als ein Mann namens Junias.[17] In der frühen Kirche galt Junia stets als Frau und Apostelin und wurde auch von Kirchenvätern[18] als solche verehrt. Im 13. Jahrhundert und spätestens mit der Luther-Übersetzung der Bibel wurde dann die Frau Junia durch den männlichen Namen Junias ersetzt. Eine Frau als Apostelin konnte man sich im Mittelalter einfach nicht vorstellen. Nach der Forschungsarbeit der Theologieprofessorin Brooten dauerte es jedoch noch fast 40 Jahre, bis Junia auch in der Einheitsübersetzung von 2016 wieder ihren Platz als Apostelin zurückerhielt.

«Bleib dran», haben schon unzählige Frauen gehört, die mutig voranschritten und die gesellschaftlichen Grenzen überschritten. Viele dieser Frauen haben ihr Ziel erreicht. Das gibt mir die Kraft, daran zu glauben, dass auch mein Ziel der Gleichberechtigung innerhalb der katholischen Kirche irgendwann erreicht wird. So wie meine Mutter mir wohl schon tausende Male gesagt hat: «Du schaffst das», sei es vor der Mathematik-Klausur, dem Schwimmabzeichen oder vor einem Vortrag in einer anderen Sprache, so bin ich überzeugt davon, dass wir es schaffen können, dieses Ziel zu erreichen, wenn Menschen weiterhin «dranbleiben» und sich für eine lebendige Kirche einsetzen. Die vielen Zeugnisse der Geschichte geben mir Hoffnung, dass in der Kirche noch gar nichts verloren ist. Das «Du schaffst das» ist nicht nur eine motivierende Floskel, sondern Lebenselixier für die Kirche.

«Sind Sie so eine, die den Zölibat will?»

Als junge Studentin saß ich im Büro meines Professors. Die Semesterprüfung stand an. Ich war nervös, denn das ganze Semester hatte ich den Vorlesungsstoff nicht so gut verstanden, wie ich eigentlich wollte. Die Woche vor der Prüfung büffelte ich extrem viel zusammen mit einem Kommilitonen. Die Prüfung war auf 20 Minuten angesetzt. Nach bereits 10 Minuten unterbrach der Professor das Abfragen und sagte: «Ich sehe, Sie können alles. Sie bekommen die Bestnote 1. Doch nun zu einem wichtigeren Thema.» Mein Herz blieb einen Moment stehen. Was sollte in diesem Moment denn bitte wichtiger sein als die Prüfung? «Ich habe einen Artikel von Ihnen gelesen. Darin schreiben Sie, dass Sie Priesterin werden möchten.» Nun wurde ich richtig nervös, denn ich wusste nicht, ob er für oder gegen das Frauenpriestertum war und ob ich in den nächsten zehn Minuten durch die Hölle geschickt und argumentativ zerpflückt werden würde. «Wollen Sie das Priesteramt mit oder ohne Zölibat?» Er blickte mir tief in die Augen. Schüchtern antwortete ich, dass ich für einen freiwilligen Zölibat bin. Voller Erleichterung schmiss er sich in seinen Bürostuhl und sagte, nachdem er erst einmal laut ausatmete: «Gott sei Dank. Ich dachte schon, Sie seien so eine, die den Zölibat unbedingt behalten möchte. So eine von den ‹verschrobenen Frauen›.» Ich musste laut lachen und versicherte ihm, dass ich nicht zu diesen gehöre und dem Pflichtzölibat kritisch gegenüberstehe.

Über die Frage meines Professors, ob ich auch so eine sei, die den Zölibat möchte, habe ich lange nachgedacht. Über die Jahre hinweg habe ich verstanden, was eigentlich hinter seiner Frage steckte: Es gibt eine Handvoll Frauen, die auch ohne Weihe enorm klerikal auftreten. Sie verherrlichen den Zölibat als einzige Lebensform, die für Priester vorgesehen ist. Vermutlich, weil sie denken, dass man sich mit der eigenen Sexualität nicht auseinandersetzen muss, wenn man zölibatär lebt. Auch im Priesterseminar habe ich solche Männer kennengelernt, die meinten, dass sie mit der Weihe von jeglichen sexuellen Bedürfnissen befreit werden. Der Heilige Geist und die aufgelegten Hände des Bischofs würden sie zu asexuellen Wesen machen, die entweder keinerlei Bedürfnisse nach Liebe, Nähe und Intimität haben oder aber diese menschlichen Bedürfnisse etwa durch die schönen Künste kompensieren könnten.

Am Ende unseres Gesprächs hatte mir mein Professor seine Unterstützung zugesprochen und noch ein paar gute Tipps mit auf den Weg gegeben. Etwa sollte ich mich theologisch intensiv mit den Reformthemen auseinandersetzen, um einer Debatte standzuhalten. Aber er riet mir auch, mich beruflich nicht ausschließlich auf den kirchlichen Dienst zu fixieren. Denn wer sich stark mache für Reformen, könne durchaus Schwierigkeiten haben, nach dem Studium eine kirchliche Anstellung zu finden. Das Gespräch mit meinem Professor hat mich in meinem Einsatz für Reformen nachhaltig geprägt. Bis dahin dachte ich, dass ich nur eine junge, unerfahrene Theologiestudentin im dritten Semester sei, die hofft, dass der Zölibat bald freigestellt wird. Nun hatte ich eine theologische Koryphäe an meiner Seite, die – wie ich später erfahren durfte – sich seit Langem für Reformen in der katholischen Kirche stark macht. Er ist bei Weitem nicht der einzige Professor. Immer mehr Professor*innen äußern sich mutig zu notwendigen Veränderungen. Ob es sich um das Thema Sexualität[19], wiederverheiratete Geschiedene[20], das

Priesterbild[21] oder um die Frauenfrage[22] handelt, zweifelsohne wird sich der Reformdruck in den kommenden Jahren noch massiv verstärken. Die nächsten Theolog*innen-Generationen werden mit einem neuen Verständnis von Kirche und Theologie die Welt von morgen prägen.

Frauen im Priesterseminar?

«Haben Sie sich schon mal im Priesterseminar vorgestellt oder sich dort beworben?», fragte mich ein Mann nach einem Vortrag geradeheraus. Ich war überrascht und antwortete mit einem kurzen «Nein». «Warum nicht? Sie wollen doch Priesterin werden.» Er blieb hartnäckig. Ich erklärte ihm, dass ich eh nicht aufgenommen werden würde. «Das ist mir schon klar. Aber es geht doch um die Aktion», fiel er mir ins Wort. Ich wurde nachdenklich. Während meines ganzen Theologiestudiums wäre ich gerne im Priesterseminar gewesen und hätte zusammen mit anderen meine Berufung vertiefen und prüfen lassen wollen. Aber Frauen haben nun einmal keinen Platz im Priesterseminar – zumindest nicht als Priesterinnenamtskandidatinnen. «Warum haben Sie nie den Regens gefragt, ob er Sie aufnimmt?», hakte der Mann nach. «Na ja, er hätte vermutlich gesagt, dass ich eine Frau bin und Frauen eh nicht zu Priesterinnen geweiht werden.» Der Mann hatte mich erwischt. Er hatte recht, ich war genau in die Falle getappt, dass ich stillschweigend hingenommen hatte, dass ein Priesterseminar nur für Männer ist. Meine Mutter hat mich selbstbewusst erzogen und mir immer alles zugetraut. Doch ich habe mich selbst in eine «Mädchenschublade» gesteckt. Weil Frauen nicht Priesterinnen werden können, lohnt es sich auch nicht, den Leiter zu fragen, ob ich ins Priesterseminar darf. Ich selbst war gefangen in kirchlichen Vorstellungen in Bezug auf die Frauen. Der ältere Mann hat mir deutlich den Spiegel vorgehalten. Ein Mitgrund, warum ich diesen Schritt nie gewagt habe, war sicherlich, dass es eine schmerzliche Erfahrung ist, abgelehnt zu werden, und manche Wunden möchte man nicht ständig neu aufreißen. Berufene Frauen spüren jeden Tag, dass sie ihre Berufung nicht vollkommen leben können. Sie möchten es sich nicht auch noch von geweihten Männern anhören müssen. «Aber Ihre Idee, dass berufene Frauen sich im Priesterseminar anmelden sollten, ist gar nicht mal so schlecht», gab ich zu. «Es würde sichtbar machen, dass nicht nur ein paar «Spinnerinnen» diesen Wunsch haben, sondern dass es zahlreiche Frauen gibt, die es sich vorstellen können.» «Genau, in Frankreich hat sich ja schließlich auch eine Frau getraut, sich für das Kardinalsamt zu bewerben», fügte der Mann hinzu und spielte damit auf die französische Theologin Anne Soupa[23] an. Als sie Ende Mai 2020 ihre Bewerbung für die Leitung der Diözese Lyon einreichte und somit sich öffentlich als Nachfolgerin von Kardinal Philippe Barbarin[24] bewarb, sorgte das in der katholischen Welt für Aufsehen. Fast 18 000 Menschen unterstützen die Katholikin mit einer Petition.

Mit ihrem Mut, sich für das Amt der Erzbischöfin zu bewerben, zeigte sie der Weltöffentlichkeit, dass ihr solch eine Aufgabe allein wegen des Geschlechts in der katholischen Kirche noch immer verwehrt wird. Sie machte auch darauf aufmerksam, dass es nicht einzusehen ist, dass bestimmte Ämter an das Priesteramt geknüpft sind. Zumal die Kirchengeschichte Männer kennt, die zu Kardinälen ernannt wurden, ohne zum Priester oder Bischof geweiht zu sein. Und bis ins 19. Jahrhundert gab es sogar Äbtissinnen mit umfassender jurisdiktioneller Vollmacht im geistlichen Bereich, die denen eines Bischofs ähnelten.[25] Anne Soupa legte mit ihrer Kandidatur die Finger in die Wunden der katholischen Kirche und machte Druck auf das Lehramt, damit auch Frauen Zugang zu den Weiheämtern erhalten. Nicht bloß, weil es der Kirche an fähigen Männern fehlt, sondern vor allem auch, weil Frauen fähig und bereit sind, diese Aufgaben zu übernehmen und sie auch von der Basis getragen werden. Kurz nach der Bewerbung der Theologin Anne Soupa schlossen sich weitere Frauen an und formulierten in einem Manifest: «Das Fehlen von Frauen in verantwortlichen Positionen – sei es in der Leitung unserer Pfarreien, unserer Diözesen, im Vatikan oder als ordinierte Amtsträgerinnen – ist ein Skandal und steht im Gegensatz zum Zeugnis der Kirche.»[26]

«Sehen Sie», sagte der Mann und schaute mir durch seine Brille tief in die Augen, «Anne Soupa hat andere Frauen motiviert, ebenfalls ihre Bewerbungen einzureichen. Wenn Frauen beginnen, sich im Priesterseminar vorzustellen, dann zeigt sich, dass es eine Menge gibt, und dann müssen die Bischöfe ihre bisherigen Argumente über-denken. Es war von Anfang an klar, dass die katholische Feministin und Theologin nicht zur Erzbischöfin ernannt wird. Doch: Ihre Kandidatur war dennoch erfolgreich, weil sie die Aufmerksamkeit auf die fehlende Gleichstel-lung innerhalb der katholischen Kirche lenkte und eine Diskussion ins Rollen brachte.» Ich stimme ihm zu. Es ist ein Zeichen der Zeit, ein hoffnungsvolles Zeichen für die Kirche. Auch wenn solche Aktionen im ersten Moment nichts zu bewirken scheinen, tragen sie dennoch zu einem Gesinnungswandel bei. Es sind oftmals die vielen kleinen Schritte, die einen dem Ziel näher bringen. Um Gleich-berechtigung in der Kirche zu erhalten, müssen wir noch viel kreativer und vor allem mutiger werden. Einfach mal probieren. Das nehme ich mir nach diesem Gespräch für die Zukunft fest vor.

«Du kämpfst nicht nur für dich»

Seit zehn Jahren setze ich mich nun bereits öffentlich für Frauenrechte in der katholischen Kirche ein und fordere, dass Frauen, die eine Berufung zur Diakonin oder Pries-terin spüren, diese auch von der Kirche prüfen lassen und die Weihe erhalten können. Als ich im ersten Semester Theologie an der katholischen Fakultät der Universi-tät Freiburg im Breisgau gegenüber Kommiliton*innen sagte, dass ich nach meinem Studienabschluss gerne als Priesterin tätig sein möchte, wurde ich mit großen Augen angeschaut. Manche meiner Kommiliton*innen kicherten, so als ob ich etwas Verbotenes gesagt hätte. Andere stellten sich gleich zu Beginn auf meine Seite. Doch: Ich war die einzige Frau, die diesen Wunsch laut aussprach. Zumindest dachte ich das. Durch vielfältige Lektüre während meiner Studienzeit bin ich auf andere Frauen gestoßen, die ebenfalls den Berufungswunsch Priesterin im Herzen verspürten – und sich sogar weihen ließen. Eine von ihnen ist die deutsche Theologin und Kirchenrechtlerin Ida Raming. Sie ist eine von sieben Frauen, die sich 2002 auf der Donau von einem argentinischen, bereits in den 1970er-Jahren exkommunizierten Bischof weihen ließen. Als junge Studentin hatte ich das Glück, sie bei einer Podiumsdiskussion kennenzulernen. Als ich im Anschluss an die Veranstaltung mit ihr an einem Sommerabend in Regensburg vor dem Dom saß und wir genüsslich ein Eis schleckten, unterhielten wir uns über ihren Einsatz für das Frauenpriestertum und ihre Weihe auf der Donau, die wenige Meter von uns entfernt floss. Mir wurde sofort klar, dass das Frauenpriestertum nicht einfach nur ein frommer Wunsch von mir ist, sondern dass schon ganze Generationen vor mir für ihre Berufungen kämpften – und bereits reihenweise Regalwände mit wissenschaftlichen Arbeiten dazu füllten. Als die immer lächelnde Frau mit großem Humor mir von ihrer Berufungsgeschichte erzählte, spürte ich, dass ich nicht allein bin. Das hat mir viel Kraft gegeben. Es hat mich aber auch schockiert, mit welchem Gegenwind sie zu kämpfen hatte. Mich hat es beeindruckt, dass sie dennoch nicht aufgibt und sich selbst im hohen Alter noch für eine zukunftsfähige Kirche einsetzt.

Unabhängig voneinander schickten die Schweizer Juristin Gertrud Heinzelmann sowie die deutschen Theologinnen Josefa Theresia Münch, Ida Raming und Iris Müller 1962 ihre Eingaben an das Zweite Vatikanische Konzil. Sie forderten darin Gleichberechtigung, die Diakonats- und Priesterweihe für Frauen. Nun könnte man sagen: Es hat sich in den letzten 60 Jahren in der Kirche wenig bis gar nichts bewegt.

«Du erinnerst mich daran, als ich noch jung war», sagte Ida Raming mit einem Strahlen im Gesicht. Ihre Augen leuchteten. «Ich dachte als junge Studentin, dass ich und meine Freundinnen nicht mehr lange warten müssten, bis wir Sakramente spenden dürfen.» Hoffentlich muss meine Generation keine sechzig Jahre mehr warten, dachte ich und sagte laut: «Immerhin haben wir heute sämtliche theologischen Argumente für das Frauenpriestertum. Das haben wir Frauen wie dir zu verdanken.» In den letzten Jahrzehnten wurden viele Arbeiten über die Rolle der Frau in der Kirche veröffentlicht. Um mir Argumente anzueignen, musste ich nicht selbst etliche Jahre forschen. Ich kann in die Bibliothek gehen und mich an den meterlangen Regalen bedienen. Pessimistisch könnte ich sagen, dass es ein Armutszeugnis für die Kirche ist, dass trotz dieser Forschungen noch immer Frauen nicht die gleichen Rechte haben. Faktisch ist es das auch. Aber optimistisch gestimmt halte ich dem entgegen, dass es ein veritabler Fortschritt ist, dass schon so viel darüber geforscht wurde. «Die nächste Generation muss hoffentlich nicht mehr argumentieren und nicht mehr rechtfertigen, warum es Gleichberechtigung geben sollte», sagte ich nachdenklich zu Ida.

Bei unserem Gespräch lernte ich: Es gab schon immer Frauen, die den Ruf Gottes verspürt und Gott mehr gehorcht haben als menschengemachten Regeln. Beim Zweiten Vatikanischen Konzil vor 60 Jahren wäre ein guter Zeitpunkt gewesen, die Gleichberechtigung der Geschlechter nicht nur auf Papier festzuhalten, sondern Frauen zu den sakramentalen Ämtern zuzulassen. Obwohl es damals genügend Reformbremser gab, haben sich die Frauen ihre Berufung nicht ausreden lassen. «Wir sind damals einfach in die Wissenschaft gegangen, haben darüber Dissertationen geschrieben, auf Podiumsdiskussionen das Wort ergriffen und immer wieder auf die Ungerechtigkeit hingewiesen», sagte Ida. Auch ich bin schon vielen dieser Frauen begegnet. Durch mein öffentliches Auftreten erhielt ich über die letzten Jahre etliche E-Mails, Briefe und Nachrichten von Frauen, die mir schrieben, dass auch sie sich berufen fühlen. Viele dieser Frauen waren, verständlicherweise, weniger mutig. Sie schwiegen, weil sie Angst hatten, wegen ihres «Outings» kirchenamtliche Repressalien zu erleiden.

«Ich werde es nicht mehr erleben, dass Frauen in der katholischen Kirche gleichberechtigt sind», sagte Ida an jenem Tag in Regensburg. «Weißt du, Ida, dank deinem Einsatz sind wir heute ein gutes Stück weiter. Du hast nie nur für dich gekämpft. Du hast immer schon für all die Frauen, die nach dir kommen, gekämpft», erwiderte ich ihr. «Und ich trete gern in diese Fußstapfen, die groß sind.»

Da sie nicht nur zur Priesterin, sondern auch zur Bischöfin geweiht wurde, bot sie mir an, mich zu weihen. Ich verneinte. «Ich möchte nicht exkommuniziert werden», sagte ich ihr. «Und ich glaube, dass mein Weg anders aussieht als deiner – auch wenn wir für das Gleiche einstehen.» Sie verstand und riet mir, auch weiterhin theologisch gewappnet zu sein. «Du wirst noch viele Streitgespräche führen müssen», sagte sie sanft, aber deutlich. Frauen wie Ida, die schon seit Jahrzehnten für Reformen kämpfen, beeindrucken mich sehr. Solche Begegnungen schenken mir Kraft, Mut und Hoffnung. Sie bestärken mich, weiterzumachen und ihr Erbe zu den kommenden Generationen zu tragen. Sie kämpft nun schon seit 60 Jahren – ohne, dass ihr der Atem ausgegangen ist oder ihre Liebe zur Kirche verblasst ist. Dann will auch ich nicht aufgeben.

«Das Frauenpriestertum wird kommen»

In den letzten Jahren hat sich die Frauenfrage in der katholischen Kirche akzentuiert. Es wird offener über dieses Thema debattiert. Inzwischen sprechen auch berufene Frauen viel freier darüber. Etwa bei der «Junia-Initiative», die Schweizer Frauen ins Leben gerufen haben. Mit ihren Aktionen machen sie darauf aufmerksam, dass es nicht nur ein paar wenige Frauen gibt, die Priesterinnen in der römisch-katholischen Kirche werden möchten. Als Kollektiv bauen sie Angst ab und sind gemeinsam laut. Das jüngst erschienene Buch *Weil Gott es so will*, herausgegeben von Sr. Philippa Rath[27], zeigt, welche Kraft Frauen haben, wenn sie gemeinsam ihre Stimme erheben. 150 Frauen aus dem deutschsprachigen Raum schreiben in diesem Buch über ihre Berufung zur Priesterin oder Diakonin. 150 Zeugnisse, die schmerzen beim Lesen, weil darin auch viel Leid und Trauer zu erkennen sind. Gleichzeitig aber sind es 150 starke Statements, die zeigen, welch ein Segen das Frauenpriestertum für die Kirche wäre. Mit einer Freundin zusammen haben wir Online-Treffen mit den berufenen Frauen organisiert. In mehreren Meetings haben wir uns ausgetauscht. Den Frauen, die sich erst kürzlich «geoutet» haben, sprechen wir Mut zu. Bei jedem Treffen spüre ich, wie etwas in Bewegung kommt. Ich merke, dass diese Bewegung nicht mehr aufzuhalten ist. In einem der Online-Treffen erzählte Sr. Philippa, die das Buch lanciert hat, dass sie im Plenum des Synodalen Weges ein paar Texte dieser berufenen Frauen vorgetragen hat. «Das hat Ernsthaftigkeit und Betroffenheit ausgelöst», berichtet sie. Ein Prozess wurde in Gang gesetzt. Zeugnisse von Frauen zu hören, die bereit sind, den Priesterinnendienst anzutreten, bewirkt etwas in den Seelen der Menschen. «Der Erfahrungsbezug ist wichtig und hat auch Einfluss auf die Lehre», sagte ihr ein Bischof bei einer Begegnung. «Wir sind eine breit aufgestellte Frauenfront», bekräftigte eine berufene Frau beim Online-Treffen. «Das Frauenthema kann nicht mehr vom Tisch gewischt werden. Unser Buch bricht ein Tabu. Wir haben die Angst überwunden und lassen und müssen uns nicht mehr verstecken.» Die Debatte kann nicht verstummen, wenn alle laut bleiben. So ist auch das Thema Frauen in kirchlichen Ämtern nicht nur ein Dauerbrenner bei den Gläubigen der katholischen Basis, sondern auch etliche Geweihte können sich Frauen im sakramentalen Dienst vorstellen. Darunter auch Bischöfe. Über die Jahre habe ich immer wieder mit Bischöfen sprechen können, die mir – als die Kameras ausgeschaltet waren – sagten, dass sie dem Frauenpriestertum offen gegenüber stehen. «Ich werde es aber wohl nicht mehr erleben», fügte manch einer von ihnen hinzu. Bei einem Interview mit einem sehr bekannten deutschen Bischof sagte dieser meinem besten Freund, als das Tonband abgestellt war, dass er sich Frauen als Priesterinnen vorstellen kann und er sich sicher ist, dass wir diese schon bald in der katholischen Kirche haben werden. «Warum sagt er das nicht laut?!», echauffierte sich mein Freund hinterher. Aus Angst vor den Reaktionen seiner Amtskollegen, schätze ich. Würden also die Bischöfe den Mut haben, das, was sie denken, auch laut auszusprechen, würden Reformen vermutlich auch viel schneller vorwärts gehen. Und vor allem würde die Kirche dadurch wieder mehr an Glaubwürdigkeit zurückgewinnen.

In den letzten Jahren habe ich bei TV- und Podiums-Auftritten immer wieder gespürt, dass es Geistlichen unangenehm war, neben mir zu sitzen. Ein Prälat drehte sich provokativ von mir ab, als ich sprach, und versuchte, Zeit zu schinden. Ein anderer Bischof grüßte mich nicht einmal, obwohl die Redakteurin ihm sogar sagte, dass ich nachher mit ihm in der Sendung sitzen werde. Solche Begegnungen enttäuschen mich. Doch: Ich spüre, dass es in Sachen Frauenfrage in der Kirche vorwärts geht. Ich spüre, dass ich nicht mehr als die «Exotin» angesehen werde, die utopische Wünsche hat. Das erkenne ich an kleinen, vielleicht für manche Leser*innen banalen Momenten: Als eine Freundin und ich an einen deutschsprachigen Kardinal einen Brief schrieben und ihn um eine Audienz bei ihm baten, erhielten wir – aufgrund seines gesundheitlichen Zustands – eine Absage. Der Sekretär ließ uns aber wissen, dass der Kardinal meine Arbeit aufmerksam verfolge und stets darüber informiert sei, was ich mache. Welch ein Kompliment! Das hätte ich wirklich nicht gedacht, dass ein Kardinal von meinem Einsatz weiß und ihn nicht direkt negativ bewertet.

Nach einer Maria-2.0-Demonstration in Deutschland kam ein anderer Bischof auf mich zu. Seine Worte klingen mir noch heute in den Ohren: «Frau Straub, wie schön, dass Sie hier sind. Ach, wir haben uns schon lange nicht mehr gesehen. Wie geht es Ihnen?» Im ersten Moment war ich perplex. Sprach er wirklich mit mir? Auch wenn die Konversation nur ein paar Minuten ging, er hörte mir zu und ließ sich auf mich ein. Als die umstehenden Frauen auch noch begannen reinzureden, blieb er stehen und hörte zu. Ich habe gespürt, dass es ihm ein ehrliches Anliegen war, mit mir zu sprechen und mich «zu sehen». Noch heute erfüllt mich diese Begegnung mit Freude und Hoffnung.

Es sind diese kleinen Begegnungen, die uns Frauen sichtbar werden lassen, und das ist enorm wichtig. Denn lange wurden Frauen wie ich einfach als «unsichtbar» abgetan. Wir wurden als Störenfriede gesehen, (absichtlich) überhört, einfach übergangen. Die Begegnungen mit diesen Bischöfen zeigen mir, dass bei manchen ein Umdenken stattgefunden hat, dass sie sich selbst aus der Angst befreit haben und bereit sind, über das Frauenthema nachzudenken und sogar mit «Verfechterinnen» darüber zu sprechen.

Ich spüre, dass sich etwas tut, dass Bischöfe beginnen, sich mit uns Frauen zu beschäftigen. Und das führt ganz allmählich zu einer Bewusstseinsänderung, die letztlich auch zu einem Paradigmenwechsel in der Kirche führen kann und wird.

Zu den erfreulichen Begegnungen mit fortschrittlichen Bischöfen gehört auch ein besonderes Treffen aus dem Jahr 2014 in Österreich. Durch einen Zeitungsartikel stieß ein befreundeter Priester auf einen emeritierten Abt eines Benediktinerklosters in der Nähe von Wien. «Das Frauenpriestertum wird kommen», sagte dieser gegenüber den Medien. Das mag für manche nicht sensationell klingen, doch wegen dieser Aussage musste er sich später im Vatikan rechtfertigen. Als ich zu Besuch in Österreich war, organisierte mein Priesterfreund ein Treffen. Ich sollte dem Abt von meiner Berufung erzählen. Zu dem Zeitpunkt war er der höchste Ordensvertreter der Benediktiner in Österreich und jettete viel durch die Welt. Seine Sekretärin sagte ihm, dass ihn eine Theologiestudentin erwarte, die evangelische Pfarrerin werden möchte. Vermutlich konnte sich die Sekretärin nicht vorstellen, dass Frauen auch in der katholischen Kirche solch einen Dienst ausführen möchten, und dachte wohl, sie habe sich am Telefon verhört. Der Alt-Abt und ich lachen noch heute herzhaft über dieses Missverständnis. Während des langen Gesprächs damals hat er mir in keinem Moment das Gefühl gegeben, dass meine Berufung nur eine Einbildung sei. Er ist durch und durch ein Seelsorger. Er erzählte auch von anderen Frauen, von denen er vermutet, dass sie zum priesterlichen Dienst berufen sind. Am Schluss gingen wir in die Kapelle für ein Gebet. Er betete für unsere Kirche, dass sie die Zeichen der Zeit erkenne, weibliche Berufungen prüfe und Frauen gleiche Rechte zuspreche. «Segne du mich, denn im Herzen bist du eh schon eine Priesterin», lächelte er mir beim Abschied entgegen. Es war ein großer und prägender Moment für mich. Seither spenden wir uns immer gegenseitig den Segen, wenn wir uns verabschieden.

Wenige Wochen später sahen wir uns wieder. Er war zu einer Tagung zum Thema «Frauen in der Kirche» eingeladen. In seinem Vortrag sagte er, dass «die Zeit kommen wird, dass Frauen auch in unserer Kirche Zugang zu Ämtern bekommen werden, die bis jetzt ausschließlich Männern vorbehalten sind.» Zudem wisse er von Bischöfen, die dafür seien, «Frauen wenigstens zum Diakonat zuzulassen». Für diese im Grunde genommen recht unproblematischen Aussagen erhielt er wenige Wochen später einen Brief aus dem Vatikan. Er solle seine Aussagen zurückziehen, da das Frauenpriestertum nicht der Lehre der katholischen Kirche entspreche. Er weigerte sich und ließ den Vatikan wissen, dass er nicht die Lehre infrage gestellt, sondern lediglich gesagt habe, dass es eines Tages kommen wird. «Das ist ein Fakt. Da können selbst die Traditionalisten nichts dagegen machen.» Ihm wurde sogar gedroht, seinen Vorsitz als Abtpräses der Österreichischen Benediktinerkongregation zu verlieren. Er machte aber munter weiter und zeigte damit auch mir, dass er hinter mir und allen berufenen Frauen steht. Dafür bin ich ihm sehr dankbar.

«Wir haben eine Pfarrerin»

Nach meinem ersten Fernsehauftritt bei Markus Lanz sagte mir dieser nach der Sendung, dass ich weiterkämpfen solle. «Sie müssen mir dann die Beichte abnehmen. Denn nach einem langen Leben in der Medienbranche habe ich so einiges zu beichten», sagte er mir augenzwinkernd. Ich versprach ihm, dass ich das machen werde, sobald ich Priesterin bin.

Solche Momente habe ich schon öfters erlebt, und es erzählen mir auch andere berufene Frauen, dass Menschen sie bitten, ihnen nach einem intensiven Seelsorgegespräch das Sakrament der Buße zu spenden. Frauen, die priesterlich agieren, sind bei vielen Menschen schon ganz normaler Alltag. Ich habe das erlebt, als ich den Erstkommunionskindern der dritten Klasse den Ablauf des Gottesdienstes erklärte. «Ja, und dann läuft die Pfarrerin zum Altar», platzte ein Kind hinein. Ich schmunzelte. Da in der Pfarrei der Pfarrer nur einmal im Monat für die Eucharistiefeier kam, war die Hauptansprechperson die Seelsorgerin. Wenn sie Gottesdienst feierte, trug sie eine weiße Albe – die Kinder gingen daher automatisch davon aus, dass sie die Pfarrerin sei. In derselben Pfarrei habe ich auch regelmäßig Werktagsgottesdienste in der kleinen Dorfkapelle gehalten. Nach dem Gottesdienst ging eine ältere Dame zur Sakristanin und sagte mit freudiger Stimme: «Ach, da hat die Frau Pfarrerin wieder einen schönen Gottesdienst gemacht.» Ich hörte diese Worte gerade noch beim Verlassen der Kapelle und fühlte mich sehr geschmeichelt. Frauen als Pfarrerin sind selbst bei der älteren Generation selbstverständlich. Der Dame war es nicht wichtig, ob ein Mann vorne am Altar stand, sondern dass sie durch die Predigtworte im Herzen berührt wurde. In einer anderen Pfarrei kam ein Mann nach dem Wortgottesdienst auf mich zu und fragte mich: «Wann werden Sie, Frau Pfarrerin, wieder predigen?» Ich lachte laut und bedankte mich für das Kompliment, dass er mich Pfarrerin nannte. «Natürlich sind sie eine Priesterin – zwar noch nicht offiziell durch die Weihe bestätigt, aber sie handeln wie eine und sie predigen, wie es ein guter Pfarrer tut. Also sind sie für mich eine Pfarrerin. Rom hin oder her», sagte der Mann mit ernstem Ton, aber strahlenden Augen.

Solche Aussagen zeugen von einer großen Akzeptanz von Frauen in sakramentalen Ämtern. Immer wieder erzählen mir Gläubige von ihren «Pfarrerinnen» und meinen damit die Pastoralreferentin. Da Seelsorgerinnen in der Schweiz schon einige sakramentale Handlungen übernehmen dürfen, ist für die Menschen klar, dass Frauen, die Kinder taufen, Ehen schließen oder das Begräbnis leiten, eine Pfarrerin sein muss. Daher ist es auch für die Mehrheit nicht nachvollziehbar, warum das katholische Lehramt Frauen von den Weihen nach wie vor ausschließt.[28] Frauen in den Pfarreien haben sich in den letzten Jahrzehnten bewährt und sind nicht mehr wegzudenken.

Das Frauenpriestertum mag für manche Kreise in der katholischen Kirche noch ein Tabu sein, doch dieses wurde bereits gebrochen. Denn das weite Spektrum von Berufungen von Frauen über die Partizipation auf unterschiedlichen Ebenen bis hin zu Führungspositionen wird hier und heute diskutiert. Und nicht nur von feministischen Theolog*innen oder Reformgruppen. Der Synodale Weg in Deutschland, der 2020 begann, ist ein deutliches Zeichen dafür, dass das Tabu auch auf der Ebene der Würdenträger gebrochen wurde – auch wenn nicht jeder Geweihte darüber sprechen oder nachdenken mag. Doch der Synodale Weg zwang auch die Amtsträger dazu, sich mit der Frauenfrage auseinanderzusetzen.

Und auch in der Vollversammlung der Päpstlichen Kommission für Lateinamerika im Jahr 2018 ist erstmals das Thema «Frau in Kirche und Gesellschaft in Lateinamerika» ausführlich behandelt worden. Es steht hier in einem anderen kulturellen und gesellschaftlichen Kontext, doch auch hier wird die Frauenfrage im Abschlussdokument als «Zeichen der Zeit» benannt. Deutlich werden Diskriminierung, Marginalisierung und Ausschluss von Frauen aus gesellschaftlichen und kirchlichen Leitungsstrukturen aufgrund einer «machistischen Mentalität» aufgezeigt.[29] Das Abschlussdokument verweist auf das Unsichtbarmachen von Frauen im kirchlichen Praxisfeld, in der Pastoral und der Erziehung. Das Fehlen von Frauen bei kirchlichen Entscheidungsprozessen wird als «ekklesiologische Lücke» bezeichnet, an der eine «klerikale» Mentalität Schuld trägt. Es wird also nicht nur im deutschsprachigen Raum um ein neues Frauenbild in der Kirche gerungen. Der

Wunsch, Rollenstereotype zu durchbrechen, ist auch in anderen Ländern und Kontinenten präsent, wie eine Umfrage des *Pew Research Center*[30] zeigt. Demnach sind 78 Prozent der Katholik*innen in Brasilien für das Frauenpriestertum. In Uruguay können sich 73 Prozent Frauen in kirchlichen Ämtern vorstellen und in Chile 63 Prozent. Fehlende Frauenrechte in der Kirche sind ein globales Problem.

«Wenn die Kirche Menschen heute erreichen und wirklich Welt-Kirche sein möchte, können die Fragen nach Geschlechtergerechtigkeit und nach Frauen in kirchlichen Diensten und Ämtern nicht ungeklärt bleiben», betont Dr. Margit Eckholt, Professorin für Dogmatik an der Universität Osnabrück, bei ihrem Vortrag zur Verleihung der Ehrendoktorwürde 2019.[31] Solche Umfragen und Statements machen mir Hoffnung, dass auch in anderen Ländern und Kontinenten die Kirche vor einem Umbruch steht und Reformen von der Basis gefordert werden. Heutzutage ist es wichtiger denn je, sich international zusammenzuschließen, um aufzeigen zu können, dass die Forderungen nach Reformen global sind und in den meisten Ländern der Welt Menschen sich eine erneuerte Kirche wünschen. Ohne Lösung der Frauenfrage hat die Kirche keine Zukunft!

Gerechtigkeit fordern

«Es ist auch meine Kirche»

Im Gespräch mit jungen Personen spüre ich eine große innere Zerrissenheit: Zum einen fühlen sie sich in der Kirche zu Hause. Zum anderen hadern sie mit ihr. «Ich habe das Gefühl, dass ich meinen Platz in der Kirche nicht finde», sagte mir kürzlich eine junge Theologiestudentin in einem Online-Gespräch. Sie nehme sich nun noch ein Semester Zeit, um herauszufinden, ob Theologie und die Berufungsperspektive Pastoralreferentin das Richtige für sie sei. Auch wenn sie dann das Theologiestudium abbrechen und sich für einen Beruf außerhalb der Kirche entscheiden sollte, würde sie der Kirche nicht den Rücken kehren. «Die katholische Kirche ist meine spirituelle Heimat», bekräftigte sie. Ihre Augen waren matt. Sie war enttäuscht. «Aber ich würde mir echt wünschen, dass alle Menschen die Möglichkeit haben, ihren Platz selbst zu finden und nicht nur zugewiesen zu bekommen», sagte sie nach einer kurzen Pause mit kräftiger, fordernder Stimme. Ein Grund, warum die junge Frau die Kirche trotz aller Zweifel und Kritik nicht verlässt, ist auch, dass die Kirche durch ihren Austritt einen internen Kritiker mehr verlieren würde. «So viele wichtige, laute und beharrliche

Stimmen sind schon gegangen. So viele kritische Zeitgeister werden erst gar nicht den Weg in die Kirche wagen», beteuerte sie. Und ich stimme ihr zu: Solange Menschen in der Kirche bleiben, die benennen, was nicht gut läuft, ist die Amtskirche gezwungen, sich damit auseinanderzusetzen. «Ich möchte den Traditionalisten nicht das Ruder überlassen», sagte sie deutlich. In ihrem Gesicht erkannte ich plötzlich Entschlossenheit. «Stell dir das mal vor. Das wäre keine Kirche mehr, das wäre ein fundamentalistischer Haufen, der fernab der Realität ein Wohlstands- und Elite-Evangelium predigen würde – und keiner würde mehr zuhören.» Sie sieht sich auch in der Verantwortung, Kirche so zu gestalten, dass andere Menschen keine Diskriminierungen erfahren und sich in der Kirche wohl fühlen. Dass sie keine Angst haben müssen, sexuelle Übergriffe zu erleben oder ihr Glaube durch spirituellen Missbrauch geschädigt wird.

Viele solcher Gespräche habe ich in den letzten Jahren geführt. Und jede dieser Konversationen verleiht mir Hoffnung, dass in 20 Jahren noch nicht die letzte Stunde der Kirche geschlagen hat. Der Religionssoziologe Paul M. Zulehner spricht von einem «pastoralen Schisma»[32], bei dem die Vorstellungen von Kirchleitung und Kirchenvolk in vielen Fragen weit auseinanderklaffen. Das ist kaum zu übersehen, und viele zeigen diese kaum überwindbare Kluft auch durch ihren Kirchenaustritt. Doch es gibt auch eine streitbare Generation von jungen Menschen, die ihre Kirche in die Zukunft tragen möchten und es nicht akzeptieren, dass weiterhin ein pastorales Schisma bestehen bleibt. Eine Bekannte spricht in diesem Kontext auch gern von «pastoralem Ungehorsam». Sie benennt tagtäglich Missstände in der Kirche und sucht zusammen mit Menschen in ihrem Umfeld nach Lösungsansätzen. «Es ist auch meine Kirche», betont sie und klingt dabei fast schon ein wenig trotzig.

Immer wieder erhalte ich Nachrichten von Menschen, die in die katholische Kirche eingetreten sind. «In einer Zeit, in der so viele Menschen aus der Kirche austreten und katholische Kirche fast nur noch mit Missbrauchsskandalen in Verbindung gebracht wird, trittst du ein?», denke ich mir dann und zolle diesen Menschen meinen Respekt. Jedes Mal, wenn mir jemand schreibt, dass er*sie in die Kirche eingetreten ist oder gar bald getauft wird, frage ich mich: Warum? Denn der Trend verläuft klar in die entgegengesetzte Richtung. Was bewegt Menschen, heute noch in eine Kirche einzutreten, die von einem Skandal in den nächsten stolpert? Auf Rückfrage erhalte ich dann eine klare Antwort: Es sind die Menschen vor Ort und die Rituale, die von den neuen Kirchenmitgliedern als bereichernd und sinnstiftend wahrgenommen werden. Sie wissen, worauf sie sich einlassen, und stehen auch dem Reformstau kritisch gegenüber. Und dennoch waren es Menschen, meist Lai*innen, die ihnen eine Kirche präsentiert haben, in der auch sie Mitglied sein möchten. «Ich gehöre genau dorthin, auch wenn ich weiß, dass die Kirche noch nicht perfekt ist», schrieb mir eine 33-jährige

Schweizerin, die kürzlich durch die Taufe in die katholische Kirche aufgenommen wurde.

«Die Zeit des Schweigens ist vorbei»

Manche Menschen schenken mir enorm viel Vertrauen, indem sie mir per E-Mail etwa von ihren Eheproblemen oder den Glaubenszweifeln berichten. Manche bitten um ein persönliches Gespräch, um über ein aktuelles Problem in ihrem Leben oder den Glauben zu sprechen. Sie sind durch die Medien auf mich aufmerksam geworden. Ich frage sie immer wieder, warum sie diese Themen nicht mit ihrem Priester vor Ort besprechen. Als Antwort erhalte ich dann, dass sie spüren, dass ich eine wirkliche Seelsorgerin bin und ich sie bestimmt besser verstehe. Ich fühle mich geschmeichelt. Doch ich habe nicht auf alle Fragen Antworten und manchmal fehlen mir auch die richtigen Worte. Unter den vielen Briefen und E-Mails von Menschen, die mir aus ihrem Leben erzählen, sind auch Menschen, die sexualisierte Gewalt erlebt haben. Auch auf Vorträgen, wenn ich deutliche Worte zu den Missbrauchstaten in der Kirche finde, gibt es immer wieder welche, die beim Vorbeigehen nach dem «Danke für den Vortrag» ein «Auch ich war als Kind betroffen» hinzufügen. Manche Gäste warten, bis alle weg sind, um noch ein paar Minuten mit mir allein zu sprechen. So erzählte mir ein Mann Mitte 50 nach einem Vortrag, dass er als Kind von einem Priester sexuell misshandelt wurde. «Jahrelang dachte ich, dass ich darüber nicht sprechen darf. Ich fühlte mich schwach und allein.» Er traute sich nicht, rechtlich gegen den Täter vorzugehen. «Mir wurde ja immer gesagt, dass der Priester etwas ganz Besonderes ist und die Kirche von Christus gestiftet», sagte er wütend. Ich hatte bereits Tränen in den Augen. Doch seitdem etliche Missbrauchsfälle von Geistlichen an Schutzbefohlenen bekannt wurden, spürt auch er, dass er nicht allein ist mit seiner Vergangenheit. «Wir werden endlich gehört», fügte er zufrieden hinzu. Er ist sich bewusst, dass die sexuelle Gewalt, die ihm angetan wurde, bereits verjährt ist und es für ihn keine wohltuende Gerechtigkeit mehr gibt. Doch: «Das Tabu ist gebrochen», sagte ich und erhielt reges Nicken von dem Mann. Er ergänzte: «Zu wissen, dass es ganz viele gibt, hat mir Mut gegeben, auch meine Geschichte zu erzählen. Auch wenn es bis heute nicht einfach ist, darüber zu reden.»

Viel zu lange mussten Betroffene wie er schweigen. Viel zu lange wurde ihnen die «Schuld» zugeschoben, viel zu lange schämten sie sich für die Taten, die ihnen die Peiniger angetan haben. Ich fragte ihn, ob er denn nicht frustriert sei. Ich wäre es vermutlich, denn bis sämtliche Missbräuche in der Kirche aufgedeckt und aufgearbeitet sind, wird es noch Jahre und Jahrzehnte dauern. In zahlreichen Ländern wird das Thema nach wie vor tabuisiert. So vertritt Kurienkardinal Peter Turkson aus Ghana die Ansicht, dass ein Kindesmissbrauchsskandal wie etwa in Nordamerika und Europa in seiner Heimat kaum möglich sei, und setzt sexualisierte Gewalt an Kindern sogar mit Homosexualität gleich. «Afrikanische traditionelle Systeme schützen die Bevölkerung gegen diese Tendenz, weil in mehreren Gegenden und in mehreren Kulturen in Afrika Homosexualität – oder jede Affäre zwischen zwei gleichen Geschlechtern – nicht ermutigt wird. Es gibt ein Tabu», sagte er in einem Interview auf CNN im Februar 2013.

Der Mann, mit dem ich noch immer im Veranstaltungsraum stehe, antwortet fast kämpferisch: «Natürlich bin ich wütend über die Kirche und darüber, dass in den letzten zehn Jahren so wenig vorangegangen ist. Dennoch ist die Zeit des Schweigens vorbei.» Ich bewundere ihn für sein Durchhalten.

Dass auch heute die Amtskirche bei sexualisierter Gewalt gegen Kinder, Jugendliche oder Erwachsene weiterhin wegschaut, trifft ihn noch immer sehr. Nach wie vor werden Geistliche, welche abscheuliche Verbrechen begehen, versetzt und gedeckt. Seit Jahren weiß die Amtskirche, dass unzählige Geistliche, die glauben, Christus zu repräsentieren, Kinder geschändet und ihre Seelen gebrochen haben. Es wurden Missbrauchsgutachten in Auftrag gegeben, die völlige Aufklärung versprachen. Die große MHG-Missbrauchs-Studie aus dem Jahr 2018 führte das Ausmaß nochmals deutlich vor Augen. Auch wenn die Aufklärung von sexualisierter Gewalt in der Kirche nur schleppend verläuft, ist der Druck der Basis und vor allem der vielen Betroffenen immer stärker spürbar. «Wir Missbrauchsbetroffenen ducken uns nicht mehr», sagte der Mann mit stolzer Miene. «Aussagen, wie man die Kirche vor solchen Angriffen schützt, werden nicht mehr akzeptiert.» Seit Jahren zeigen die Gläubigen auch mit ihrem Gang zur staatlichen Strafverfolgungsbehörde, dass sie mit den Aufklärungsversuchen der Kirche nicht einverstanden sind. Sie treten aus der Kirche aus – deutlich sind die Zahlen immer dann, wenn in einem Land oder in einem Bistum Missbrauchsfälle auftreten, die von der Bistumsleitung zu schleppend und zu wenig transparent benannt werden. Der Druck der Basis muss daher noch stärker werden. Ob dabei der Kirchenaustritt das richtige Mittel ist, bezweifle ich persönlich, denn es gibt gewisse Bischöfe, die immer wieder von der «kleinen Herde» sprechen und wohl froh wären, wenn die «Unruhestifter» die Kirche endlich verließen. Dann wären sie nur noch von Ja-Sagern und Kopf-Nickern umgeben, die nichts hinterfragen und dem Bischof huldigen. Ich bin deshalb froh über die vielen Menschen, die, obwohl sie schlimmste sexualisierte Gewalt erlebt haben, die Kirche nicht verlassen, sondern den Mut haben, für Gerechtigkeit und Aufklärung einzutreten. Solche Menschen sind für mich wahre Helden, die trotz vieler Wunden unglaublich stark und zielstrebig sind und an einer Kirche arbeiten, die zukunftsfähig ist. Menschen wie sie zeigen der Kirche ihre Schattenseiten auf und ermöglichen ihr durch den Druck, welchen sie ausüben, dass die Kirche irgendwann ihre Leuchtkraft wieder zurückgewinnt. Sie geben mir Hoffnung, dass ihre Stimmen mehr Gehör finden als Aussagen von reaktionären «Hirten», die nicht die Menschen im Blick haben, sondern lediglich ihre eigene Karriere oder das «Wohl der Kirche».

Als ich Anfang 2019 das bewegende Fernseh-Gespräch[33] zwischen der Theologin und promovierten Philosophin Doris Reisinger (geb. Wagner) und dem Erzbischof von Wien, Kardinal Christoph Schönborn sah, wusste ich, dass dieses Gespräch Wellen schlagen würde. Doris Reisinger selbst hat spirituellen Missbrauch und sexualisierte Gewalt in einer Ordensgemeinschaft erlebt. Dennoch harrt die Katholikin in der Kirche aus. Sie versucht das Thema konstruktiv aufzuarbeiten und hat bereits einige Bücher dazu geschrieben.[34] Sie bleibt, weil sie nicht schweigen möchte. Und vor allem bleibt sie, um dazu beizutragen, dass über sexuellen und spirituellen Missbrauch in der Kirche gründlich aufgeklärt und offen gesprochen wird, damit er künftig verhindert werden kann.[35]

So etwas gab es bis zu dem Zeitpunkt noch nicht: Die Aussprache zwischen der ehemaligen Ordensschwester und dem Kardinal ging unter die Haut, denn sie war ehrlich und unverblümt. Das Gespräch erschien wenig später ausführlich in Buchform. Kardinal Schönborn nimmt dort auch Opfer und Täter in den Blick und sagt: «Ich möchte noch auf eine Schwierigkeit hinweisen, die mich existenziell sehr belastet. Ich bin als Bischof in einer Doppelfunktion, es gibt keine Gewaltenteilung: Ich bin Hirte für die Gläubigen und auch für die Priester, und ich bin Richter. Das kann einem das Herz zerreißen, weil ich natürlich zuerst an die Opfer denke, aber dann auch den Menschen sehe, der zwar das Leben anderer schwer, manchmal lebenslang belastet hat, der aber selber auch ein Mensch ist.»[36] Kardinal Schönborn verweist somit auch auf systemimmanente Probleme, die unter anderem dem Bischofamt eingeschrieben sind.

Als ich das Interview gesehen habe, war ich tief beeindruckt – sowohl von Doris Reisinger, die so klar formulierte, aber auch über Kardinal Schönborn, der sich diesem Thema stellte und bereit war für einen wirklichen Dialog. Für mich war diese Sendung – die durchaus schmerzhafte Momente hatte – dennoch ein Moment des Aufbruchs innerhalb der Kirche. Denn durch dieses Fernseh-Interview war klar, dass sexualisierte Gewalt in der Kirche kein Tabuthema mehr ist.

Die Prozesse, die hierzulande angestoßen wurden, können ein Exempel für Länder sein, in denen dieses Thema noch unter einem Nebelschleier liegt. Für mich sind die Personen, die Missbrauch in der Kirche erlebt haben und gleichzeitig noch in der Kirche bleiben, um für Gerechtigkeit zu kämpfen, die wahren Kirchenreformer. Denn ohne ihren Mut, über die verbrecherischen Taten, die ihnen widerfahren sind, zu sprechen und sie somit ein weiteres Mal zu durchleiden, hätte das, was in den letzten Jahren an die Oberfläche gelangte, nicht aufgedeckt werden können. Ich weiß, dass in diesem Bereich noch viel zu wenig getan wird und Betroffene von der Kirchenleitung immer wieder enttäuscht werden. Aber ihr Ausharren und ihr Zorn tragen zu einer *Reinigung* in der Kirche bei, die bitter nötig ist.

«Raus mit der Akte»

Unter dem Hashtag *#rausmitderakte* protestierten auf Instagram und Twitter Katholik*innen gegen die mangelnde Aufklärung von Missbrauchsfällen im Erzbistum Köln. Im Jahr 2018 verkündete Kardinal Rainer Maria Woelki, eine umfassende und unabhängige Untersuchung der Fälle sexualisierter Gewalt an Kindern in seinem Bistum in Auftrag zu geben. Betroffene schöpften Hoffnung, dass Namen genannt und Täter, Mitwisser und Vertuscher zur Verantwortung gezogen würden. Doch die anschließende Zurückhaltung beziehungsweise die Nichtveröffentlichung des neutralen juristischen Gutachtens war ein weiterer Fall von Machtmissbrauch im Erzbistum Köln. Das Entsetzen auch außerhalb des Bistums war groß. Auf Twitter und in etlichen Instagram-Stories forderten Menschen Woelki dazu auf, Akteneinsicht zu gewähren oder zurückzutreten. Das Auftrags-Gutachten, das im März 2021 veröffentlicht wurde, nannte zwar einige fehlbare Verantwortliche bei vollem Namen, stellte aber dem Kölner Kardinal – obwohl auch er unter Kardinal Joachim Meisner als Weihbischof wirkte – einen Persilschein aus. Noch immer versteht sich die Kirche so sehr als moralische Instanz, dass sie sich das Recht herausnimmt, zu entscheiden, was an die Öffentlichkeit gelangt und was nicht. Der Kölner Kardinal verspielte dadurch bei vielen Katholik*innen den Rest an Glaubwürdigkeit der katholischen Kirche.

Erzbischof Woelki, der seit Kurzem einen Instagram-Account hat, wurde getaggt, sodass seine Social-Media-Manager sehen konnten, dass auch die katholische Jugend wütend ist. Sie bekundete Solidarität mit den Opfern von sexualisierter Gewalt und stellte sich gegen eine Täter-Organisation, die weiterhin versucht, sich vor der Verantwortung und den damit verbundenen straf- und administrativrechtlichen Konsequenzen zu drücken. Zwar traten zwei Bischöfe, die früher für das Personal im Erzbistum Köln hauptverantwortlich zeichneten und denen das Gutachten konkret Verfehlungen nachgewiesen hat, von ihren Ämtern zurück, aber es ist kaum davon auszugehen, dass Kardinal Woelki und die betreffenden Kirchenverantwortlichen bis ins letzte Detail konsequent und transparent aufklären und einen entschiedenen Versöhnungskurs einschlagen werden, auch wenn die kirchliche Basis protestiert und sich über deren Verhalten empört – sei es mit Plakaten vor den Bischofshäusern oder mit Hashtags im Internet. Ich sehe in der Instagram-Aktion dennoch etwas Positives: Es zeigt, dass es noch immer junge Menschen gibt, die sich für ihre Kirche interessieren und sich demonstrativ für sie einsetzen.

Mit solch mutigen Statements positionieren sie sich ganz deutlich: Für eine gerechte und aufrichtige Kirche!

Unter ihren Follower*innen finden sich auch Menschen, die mit der Kirche nichts oder nur wenig zu tun haben. Ihr Handeln gegen Ungerechtigkeiten ist umso mutiger, da sie nicht wissen, wie ihre Instagram-Freund*innen darauf reagieren. Zudem: Hashtags und Social-Media-Aktionen ermuntern auch andere, selbst mitzumachen und Stellung zu beziehen. Und das ist im Fall *#rausmitderakte* denn auch geschehen. Diese Aktion hat nicht Tausende von Mitstreiter*innen gefunden. Aber Protest fängt im Kleinen an, und steter Tropfen höhlt bekanntlich den Stein. Ich finde, dass es ein starkes Zeichen ist, wenn junge Menschen Social Media dazu nutzen, um auch dort Druck auf hochrangige Geistliche auszuüben, und kundtun, dass sie mit deren Führungsstil, Menschen- und Kirchenbild nicht einverstanden sind. Sie zeigen damit auch ihren Follower*innen, dass sich der Einsatz für eine moderne Kirche lohnen kann und nicht alle Menschen in der Kirche unmodern oder doppelmoralisch sind. Sie schenken der Kirche ein aufrichtiges Antlitz.

Wer in diesen Zeiten sicherlich zur Glaubwürdigkeit beigetragen hat, war der Münchner Erzbischof und ehemalige Vorsitzender der Bischofkonferenz Kardinal Reinhard Marx. Statt sich hinter Gutachten zu verstecken, ging er voraus und bat Papst Franziskus seinen Rücktritt an. Als ich von seinem Rücktrittsgesuch erfahren habe, hat mein Herz zum einen geweint, sich aber auch gefreut. Gefreut hat mich, dass er bereit ist, Mitverantwortung zu tragen. Er räumt in seinem Schreiben an den Papst «viel persönliches Versagen [...] aber eben auch institutionelles oder ‹systemisches›Versagen» ein. Klare Worte. Viele wollen die Mitverantwortung und die Mitschuld der Institution nicht wahrhaben, kritisierte er. Dies schade jedem Reform- und Erneuerungsdialog. Ich finde es stark, dass er eigene Fehler eingeräumt und deswegen Konsequenzen gezogen hat. Für diesen klaren Schritt hat er aus vielen kirchlichen Kreisen und auch darüber hinaus Respekt und Achtung zugesprochen bekommen. Allerdings ist er für den Synodalen Weg ein starker Antrieb, auf den die deutsche Kirche nur schwer verzichten kann. Dennoch: Solch mutige Bischöfe und Kardinäle braucht es weltweit, damit die Neuausrichtung der Kirche gelingt und zukünftig sexualisierte und spirituelle Gewalt keinen Platz mehr hat in der Kirche. Ich bin gespannt, ob er vielleicht so manchen Amtsträger zum Nachdenken anregen konnte.

«Zölibat? Gibt's in meiner Heimat nicht»

Nach einem Vortrag in Deutschland wurde ich vom Pfarrer und dem Pfarrgemeinderat der Gemeinde zum Essen eingeladen. Wir waren knapp zehn Personen. Der Pfarrer, der schon während der Veranstaltung die Begrüßung und die Verabschiedung gesprochen hatte, setzte sich neben mich, weil er noch mehr von mir und meinem Einsatz für kirchliche Reformen erfahren wollte. Ihm gegenüber saß eine Frau, die etwa gleich alt war wie er. Die Atmosphäre im Wirtshaus war heiter, und die Gemeindemitglieder erzählten viel über ihre Pfarrei und das Bistum. Immer wieder machte die Frau, die dem Pfarrer gegenübersaß, Aussagen, die mich etwas verwirrten: «Da waren wir doch in Südspanien.» Oder auch: «Stimmt, den guten Wein haben wir aus Frankreich.» Anfangs dachte ich, dass sie damit Pilgerfahrten oder Pfarreireisen meinte, doch sie schaute immer direkt den Pfarrer an, und gewisse andere Sätze über gemeinsame Ferien ließen mich ahnen, dass sie allein mit dem Pfarrer Urlaub machte. Ich musste schmunzeln. Sie sahen offenbar kein Problem darin, so offen über ihre Beziehung zu sprechen. Ob sie keine Angst empfanden, dass der Bischof es erfährt, dachte ich mir. Die Aussagen des Pfarrers und der Frau beschäftigten mich auch noch am nächsten Morgen. So fragte ich ein Mitglied des Pfarrgemeinderats, das mich zum Bahnhof fuhr, ob ihm das gestern auch aufgefallen sei. Seine Reaktion ließ mich wieder schmunzeln: «Die zwei sind schon seit dem Studium ein Paar. Wo immer er Pfarrer wird, zieht sie mit und ist an seiner Seite. Sie sind schon seit 30 Jahren zusammen.» Auf der einen Seite freute ich mich für die beiden, dass ihre Beziehung dies aushielt. Auf der anderen Seite wurde ich traurig. Denn vielleicht wollten sie Kinder, vielleicht wollten sie heiraten und ihre Ehe unter den Segen Gottes stellen. Sie hatten sicherlich nicht vor, ihre Beziehung im Halbverborgenen zu führen. Die Frau wird an seiner Seite akzeptiert, aber nie offiziell als seine

Ehefrau betitelt. Wenn er stirbt, erbt sie nicht. Er darf vor dem Bischof nie von seiner Partnerin sprechen. Sie muss ihr ganzes Leben nach ihm ausrichten. Denn wird er in eine andere Pfarrei versetzt, muss auch sie alles stehen und liegen lassen. Sie hat kein Mitspracherecht – denn es gibt sie ja eigentlich gar nicht. Ich kann nur mutmaßen, aber solch eine Beziehung zu führen, ist sicherlich nicht einfach. Hinzu kommt, dass ihre Beziehung immer auch von den Gemeindemitgliedern bewertet wird.

«Bei uns in der Pfarrei weiß es jeder. Und es kann auch mal sein, dass die beiden sich im Pfarrhaus streiten, so wie normale Paare eben auch», fuhr mein Gesprächspartner fort. «Und der Bischof?», fragte ich. Der wisse es wohl. Unternehme aber nichts, solange die beiden es nicht an die große Glocke hängen. «Na ja, das ganze Dorf weiß es ja. Ist das nicht schon eine große Glocke?», erwiderte ich. Solange er keine Bücher über den freiwilligen Zölibat schreibe oder etwa in einem Interview gegen den Pflichtzölibat wettere, sei vom Bistum her alles in Ordnung, so das Pfarrgemeindemitglied.[37] Immerhin. Doch ganz aufrichtig ist es ja auch nicht. Ich bin froh, dass der Priester seine Beziehung – die nun sicherlich schon das Jubiläum der Perlenhochzeit hinter sich hat – in seiner Pfarrei offen führen kann. Aber gleichzeitig würde ich es begrüßen, wenn Bischöfe diese Lebensrealität viel mehr in den Blick nähmen und in Rom für Veränderungen einträten. Denn dieser Priester ist längst nicht der einzige, den ich kenne, der in einer Beziehung lebt.

Gabriella Loser Friedli, Mitbegründerin des Vereins der vom Zölibat betroffenen Frauen (Zöfra) schätzt, dass nur maximal ein Viertel der Priester keusch leben. «Das ist eine Farce», sagt sie.[38] Wie viele tatsächlich mit einer Frau oder einem Mann zusammenleben, ist nicht bekannt. Allein die Tatsache, dass solch ein Verein existiert, zeigt ja, dass es kein Einzelfall ist.

Nach einem Podiumsgespräch kam ich mit einem nigerianischen Diakon ins Gespräch. «In meiner Heimat gibt es keine zölibatär lebenden Priester. Dort sind katholische Diakone und Priester verheiratet und haben Kinder», sagte er. Der Stellenwert der Familie sei dort sehr groß. Zudem sei das Keuschheits-Gelübde unvereinbar mit den lokalen Vorstellungen von Männlichkeit und Sexualität. Es sei normal, dass Männer, die ein Amt ausübten, verheiratet seien. «Jeder Anwalt oder Arzt muss verheiratet sein und Kinder haben. Sonst nimmt keiner seine Dienste in Anspruch. Daher auch der Priester.» Da er aber vor 20 Jahren sein Heimatbistum in Nigeria verlassen und im deutschsprachigen Raum Theologie studiert hatte, lebt er nun zölibatär. «Hier ist der Zölibat noch an der Tagesordnung.» Ich fragte ihn, was das mit ihm mache, in zwei unterschiedlichen Kulturvorstellungen zu leben. «Der Zölibat gehört halt noch irgendwie zu Europa. Ich akzeptiere das, auch wenn ich dadurch in meiner Heimat Unverständnis und Spott ernte.» Dass er wegen des Zölibats verlacht wird, hätte ich nicht gedacht. Es schockiert mich sogar. Vor jedem Heimatbesuch betet er, dass er nicht krank werde und in Nigeria sterbe. Ich fragte ihn erstaunt nach dem Grund. «Weil meine Brüder mich dann in den Fluss werfen», antwortete er kurz angebunden. Ich verstand nicht richtig, was er damit meinte. Er erklärte mir, dass ein unverheirateter Mann keine Ehre habe und daher kein richtiges Begräbnis verdiene. Und das, obwohl er Diakon ist. «Das ist egal. Verheiratet zu sein und Kinder zu zeugen, steht über allem», sagte er nüchtern. Durch die Entscheidung, in Europa zu studieren und auch hier in den kirchlichen Dienst zu treten, ist er aus seiner eigenen Kultur herausgefallen. Dieses Gespräch ist mir lange in Erinnerung geblieben.[39] Welche Angst trägt er in sich, wenn er seine Familie besucht! Welche Vorwürfe oder abwertenden Blicke erntet er, wenn er sagt, dass er noch immer im Zölibat lebt!

Beide Begegnungen haben mir wieder einmal gezeigt: Der Zölibat wird innerhalb der katholischen Kirche schon lange nicht mehr konsequent gelebt. Es ist für mich unvorstellbar, was diese unterschiedlichen Kulturen in unserer Kirche für eine Zerreißprobe für den Mann sein mögen. Und darum ist es gut, dass der nigerianische Diakon auch hierzulande offen darüber spricht. Auch solche Geschichten können zum Gesinnungswandel in der Kirche führen. Wer weiß, vielleicht wird der Vatikan eines Tages zum Beispiel mit dem Blick auf afrikanische Kulturen eine Lockerung in Sachen Zölibat vornehmen. Und dann kann auch der Priester, der seit 30 Jahren unverheiratet mit seiner Freundin zusammenlebt, endlich heiraten. Wünschenswert ist es. Das Gespräch mit dem Diakon zeigte mir, dass manche Ortskirchen einfach machen. Mir haben die Begegnungen Mut gemacht, auch hierzulande jene Themen anzugehen, die für unseren Kulturkreis wichtig sind. Kirche ist vielfältig, sehr vielfältig sogar, und das ist gut so.

Vielfalt leben

«Gut, dass die Jungen heute nicht mehr auf das Lehramt hören»

Wenn ich mit Nicht-Katholik*innen über die Kirche spreche, geht es schnell um die Sexualmoral: «Ihr dürft nicht einmal mit Pille oder Kondom innerhalb der Ehe verhüten?!», habe ich schon Dutzende Male gehört. Menschen mit entsetzten und ratlosen Blicken erkläre ich dann, dass der Großteil der Katholik*innen sich nicht mehr daran hält, und zitiere auch gerne, was bereits seit 1967 nach der Veröffentlichung der Enzyklika *Humanae vitae*[40] von Papst Paul VI. gebetsmühlenartig von Gläubigen und Geistlichen wiederholt wurde: «Das katholische Lehramt hat im Schlafzimmer nichts verloren.»

Nach einem Vortrag kam eine Frau auf mich zu. Sie leitet ehrenamtlich einen Seniorinnen-Treff. «Sexualität ist unter den Frauen oft Gesprächsstoff», sagte sie. Drei umstehende Frauen und ich spitzten unsere Ohren. Als sie jung waren, haben sie sehr unter der rigiden Sexualmoral der Kirche gelitten. Die drei Frauen, alle Mitte 60, nickten kräftig mit ihren Köpfen. Wer etwa samstags Sex hatte, durfte am Sonntag den Gottesdienst nicht besuchen, erzählte die Leiterin des Seniorinnen-Treffs weiter. Das ver-

heiratete Paar galt als unrein und durfte nicht die Eucharistie empfangen. Wenn sie der Messe fernblieben, wusste
das ganze Dorf, dass das Ehepaar Sex gehabt hatte. «Das
sind peinliche Erniedrigungen, welche die Menschen über
sich ergehen lassen mussten!», sagt sie mit etwas Empö-
rung in der Stimme.

«Wir konnten damals nicht einfach abtreiben», erzählt
eine andere Seniorin. Obwohl die Kirche gegen Abtreibung
ist, haben sich Frauen des Senioren-Kreises dennoch nicht
daran gehalten. Manche sprangen im ganz frühen Stadium
der Schwangerschaft vom Küchentisch, in der Hoffnung,
durch den Sprung beim Embryo eine Fehlgeburt auszu-
lösen, andere versuchten es mit der Stricknadel. «Ich bin
froh, dass sich die Zeiten geändert haben und Frauen heute legal abtreiben können. Wir mussten noch in dunklen
Hinterzimmern unter unhygienischen Umständen eine
Abtreibung vornehmen – die nicht immer komplikations-
los verlief», sagte eine betagte Rentnerin des Frauen-Treffs.
Ich war erstaunt, wie offen diese Frauen über solche Tabuthemen sprechen, und spürte, was mir die Leiterin prompt
bestätigt: «Glaube mir, diese Frauen sind enorm kritisch
gegenüber der kirchlichen Sexualmoral.»

Ich fragte, ob sie denn keinen inneren Konflikt hatten. «Nun ja, wenn man schon sechs oder sieben Kinder
hat und man ein weiteres nicht mehr durchfüttern kann,
dann versucht man selbst einfach nur zu überleben. Ich
glaube nicht, dass Gott will, dass meine Kinder verhungern.» Ich bin verblüfft über diese Offenheit. Natürlich

gab es Gewissensbisse, gibt eine Frau zu. «Hätten wir verhüten dürfen, wäre es ja gar nicht so weit gekommen», fügte eine andere hinzu. Ihren Glauben an einen guten Gott habe das aber wenig tangiert. Ihr Glaube habe ihnen Kraft gegeben, mit der Situation zurechtzukommen. Doch sie haben darunter gelitten, mit niemanden darüber sprechen zu können.

Mein Herz ist fast zerrissen, weil ich so deutlich die Not der tiefgläubigen Frauen vor Augen hatte. Verursacht durch meine Kirche. Sie konnten sich nie jemandem anvertrauen. Sie wären stigmatisiert worden. Unsere heutige Zeit erlaubt es ihnen, darüber zu sprechen und das Erlebte aufzuarbeiten. Mir hat das Gespräch abermals gezeigt, in welche Situation die Amtskirche Frauen früher hierzulande gedrängt hat und andernorts noch drängt. Wären Verhütungsmittel nicht verteufelt worden, hätten die Frauen nicht so radikale Schritte ergriffen.

Immer wieder höre ich von älteren Frauen, die nicht die gleiche Freiheit hatten, über ihren Körper zu bestimmen, wie wir heute, wie froh sie sind, dass sich zumindest gesellschaftlich einiges getan hat. «Das Lehramt muss aber auch schleunigst etwas ändern. Wir leben ja nicht mehr im Mittelalter», sagte mir eine 85-jährige Frau, mit der ich nach einer Veranstaltung in der Schweiz ein längeres Gespräch führte. «Weißt du, bei uns gab es damals noch keine Kondome, die Pille kam erst später. Wir mussten immer Angst haben, schwanger zu werden. Das hat uns dennoch nicht vom Sex abgehalten – auch nicht vom vorehelichen Geschlechtsverkehr. Aber heute könnt ihr schon befreiter eure Sexualität leben. Das freut mich sehr», sagte die regelmäßige Kirchgängerin. «Gut, dass die Jungen heute nicht mehr auf das Lehramt hören.» Das sind deutliche Worte, die ich unzählige Male von älteren Frauen und Männern gehört habe. Ich denke, wir können froh darüber sein, dass Sex, Verhütung und Abtreibung heute keine Tabuthemen mehr in unserer Gesellschaft sind und auch längst auf der theologischen Agenda stehen. Die Freiheit, darüber zu debattieren, sollten wir uns heute auf keinen Fall nehmen lassen. Auch sollten wir uns die Gewissensprüfung erhalten und weiterhin moraltheologische Regeln der Kirche hinterfragen und prüfen, ob sie ins eigene Leben passen.

Diese Gewissensprüfung hat kürzlich Papst Franziskus selbst betont. Bis zur Veröffentlichung von *Evangelii gaudium* (2013) wurde im Vatikan die Einheit von Lehre und Seelsorge als oberste lehramtliche Leitlinie betrachtet. Papst Franziskus hat durch sein erstes Apostolisches Schreiben die existierende Vielfalt in der Praxis erstmals theologisch legitimiert. Immer wieder betont er, dass die Kirche eine heilsame «Dezentralisierung» brauche, um der vielfältigen Realität gerecht zu werden.[41] Er nimmt jeden einzelnen Gläubigen in die Pflicht, verantwortungsvoll zu handeln und stets das eigene Gewissen zu befragen, wenn es um Entscheidungen zur Empfängnisverhütung oder den Zugang zur Kommunion für wiederverheiratete Geschiedene geht.

Die Befragung des Gewissens wurde nicht erst mit Papst Franziskus ein zentraler ethischer Bezugspunkt, aber sie ist auf dieser Ebene angekommen. Um eine neue Sexualmoral, welche der Realität der Menschen stärker Rechnung trägt, glaubwürdig zu implementieren, ist es unbedingt notwendig, die zentrale Bedeutung der eigenen Gewissensentscheidung umso stärker zu betonen.

So wollte der Papst wissen, wie die Menschen zum Thema Sexualität stehen, bevor er im Jahr 2015 die Familiensynode in Rom begann. Dass die Kluft zwischen Lehre und Wirklichkeit riesengroß ist, war schon lange offensichtlich und wurde von der weltweiten Umfrage unter den Gläubigen, die der Synode vorangegangen war, bestätigt. Ich spürte während und vor allem nach der Familiensynode und der Veröffentlichung des nachsynodalen Apostolischen Schreibens *Amoris Laetitia* (2016) ein Aufatmen bei Seelsorger*innen. «Endlich müssen wir uns nicht mehr schämen für das, was der Papst über Sexualität von sich gibt», hörte ich immer wieder. Dabei hat Papst Franziskus die Sexualmoral der Kirche gar nicht verändert. Doch allein, dass er betont, das eigene Gewissen zu befragen und danach zu handeln, machte den Unterschied.

«Ich bin ein großer Fan von Papst Franziskus», sagte eine Seniorin. Seine Sexualmoral sei nicht mehr so verbissen wie jene der Vorgänger, erklärt sie mir. Und weiter: «Ich kann wieder auf das Lehramt hören – weil die Gewissensfrage im Zentrum steht.» Dennoch wünschen sich die Frauen, dass es eine Annäherung der Lehre an die

Wirklichkeit gibt. «Sonst laufen die Jungen ja alle davon», sagte eine andere Frau besorgt. «Hätte die Amtskirche früher eine Sexuallehre entwickelt, die den Menschen in den Blick nimmt, wäre uns viel Leid erspart geblieben», meinte eine andere Seniorin ernst. «Schlussendlich müssen wir unsere Handlungen ja mit Gott ausmachen. Er verurteilt sicherlich keinen, der Verhütungsmittel nimmt», fügte eine weitere Frau lächelnd hinzu. Diese Begegnungen mit Frauen anderer Generationen zeigen mir, wie viel es noch zu tun gibt. Sie zeigen mir aber auch, wie die Sexuallehre der katholischen Kirche in der Praxis gelebt wurde und gelebt wird und welche Hoffnungen zur Veränderung im Raum stehen.

«Würden Sie ein homosexuelles Paar segnen?»

Vor einiger Zeit war ich in einer deutschen Kleinstadt zu Gast und hielt einen Vortrag bei einem Frauenfrühstück, an dem über 100 Frauen teilnahmen. Bei der anschließenden Austauschrunde stand eine Dame, etwa um die 70 Jahre, auf und fragte mit zittriger Stimme: «Würden Sie auch ein homosexuelles Paar segnen?» Prompt drehten sich fast alle Zuhörerinnen im Saal um, um zu sehen, wer sich getraute, diese Frage zu stellen. Eine Millisekunde später blickten über 100 Augenpaare gespannt auf mich. In die Stille des Saals hinein sagte ich nur: «Selbstverständlich!» Und beobachtete die Reaktionen meiner Zuhörerinnen. Fast alle Köpfe nickten zustimmend, und sogleich schossen Tränen in die Augen der Frau, die die Frage gestellt hatte. Ihr Blick strahlte so viel Dankbarkeit und Erleichterung aus. Ich war berührt.

Bis dahin dachte ich immer, dass das Thema gleichgeschlechtliche Liebe bei über 70-Jährigen eher als «was von den Jungen» abgetan wurde, weil es in ihren jüngeren Jahren einfach kein Thema sein durfte. Ich bin mir sicher, dass die Frau aus meinem Vortrag ein Kind oder Enkelkind hat, das homosexuell ist, und sie von Seiten der Kirche über Jahrzehnte hören musste, dass es in Sünde lebe oder gar «wider die Natur» sei. Von jüngeren Personen wurde ich schon öfters gefragt, wie ich zur gleichgeschlechtlichen Liebe stehe und ob ich diese Menschen segnen würde. Ein schwuler Freund wiederholt gern, dass, wenn er heiraten werde, ich ihre Liebe segnen solle. Das werde ich selbstverständlich tun, denn Liebe ist Liebe. Wenn wir daran glauben, dass Gott Liebe ist, wie kann dann die Liebe zwischen zwei Menschen, die dem gleichen Geschlecht angehören, nicht von ihm gewollt sein?

Der älteren Frau mit den Tränen in den Augen wollte ich aber nicht nur ein «Selbstverständlich» zurufen. Ihr hätte das in dem Moment wahrscheinlich gereicht, denn sie fühlte sich angenommen, und ich sah in ihrem Gesicht, dass sie sich ein Stück weit mit ihrer Kirche, die anderes behauptete, wieder versöhnen konnte. Nun stand eine katholische Theologin vor ihr, die Priesterin werden möchte und die keinerlei Probleme in gleichgeschlechtlicher Liebe sieht. Mein Wort hatte für sie das gleiche Gewicht, wie wenn es ein Priester von der Kanzel gesprochen hätte. Ich ging also noch näher auf das Thema ein und erklärte, dass Jesus nie etwas gegen Homosexualität gesagt hatte. Hätte Jesus diese Menschen verurteilen wollen, hätte er sie sicherlich an der einen oder anderen Stelle kritisch erwähnt. Doch Sexualität war für Jesus ein Thema, dem er in seinen Reden kaum Beachtung schenkte. Zudem gibt es in der ganzen Bibel nur fünf Stellen, die vom homosexuellen Akt sprechen. Die Bibel kennt eine gleichberechtigte Liebesbeziehung von homosexuellen Personen gar nicht. Weil es in der damaligen Zeit einfach nicht möglich war. Denn mit vierzehn Jahren wurden die Mädchen, mit achtzehn Jahren die Jungen verheiratet. Die Sippe lebte oft in einem großen Raum zusammen, da war eine homosexuelle Partnerschaft, die auf Augenhöre und auf Dauer angelegt war, undenkbar. Verheiratete Paare mussten sechzehn oder mehr Kinder auf die Welt bringen, um die Gesellschaft am Leben zu erhalten. Im Alten Testament wussten die Menschen noch nicht, dass der Mann unendlich viele Samen hat und auch noch im hohen Alter Kinder zeugen kann. Es herrschte die Vorstellung, dass der männlichen Samen begrenzt sei und somit nicht vergeudet werden dürfe. Daher galten Selbstbefriedigung des Mannes oder Analsex als «Gräuel», weil es den Erhalt der Gesellschaft gefährdete. Etwa verurteilt der Apostel Paulus, dass reiche Männer der römischen Oberschicht sich «Lustknaben» nehmen.

Das ist Pädophilie oder Päderastie, also sexuelle Gewalt gegen Kinder und Jugendliche, und hat nichts mit Homosexualität zu tun. Die minderjährigen Knaben kamen aus niedrigen Gesellschaftsschichten und konnten mit dem Geld ihre ganze Familie durchbringen. Diese Bibelstellen, die anscheinend gegen Homosexualität sprechen, sind oft eingebettet in einen Kontext von Gewalt. Daher ist es problematisch, diese heute noch zu zitieren und zu behaupten, dass Gott keine Homosexualität mag. Gott mag keine sexuelle Gewalt. Er hat aber sicher nichts gegen gleichgeschlechtliche Liebe.[42]

Beim Frauenfrühstück durfte als einziger Mann der Pfarrer dabei sein, weil er unbedingt hören wollte, was ich zu sagen hatte. Als ich mein «Selbstverständlich» zur gleichgeschlechtlichen Liebe ausrief, nickte auch er kräftig mit dem Kopf. Er war alles andere als einverstanden mit der Haltung des Lehramts. Ich höre immer wieder Priester, die homosexuelle Paare im Verborgenen segnen und trauen. Sie hängen es nicht an die große Glocke, sie handeln.

Als im März 2021 die Glaubenskongregation verlautbaren ließ, dass gleichgeschlechtliche Partnerschaften nicht gesegnet werden können, gab es einen lauten Aufschrei im deutschsprachigen Raum. Eine Welle der Solidarität für die LGBTQI*-Community brach los. Am folgenden Tag wehten vor unzähligen Kirchen Regenbogen-Flaggen, Social Media wurde überflutet mit Statements unter den Hashtags *#loveisnosin*, *#liebeistkei-*

nesünde oder auch *#liebeistliebe*. Theolog*innen, Seelsorger*innen und Gläubige sprachen sich für eine Segnung von Homosexuellen aus. Etliche Priester ließen in kurzen Predigtvideos ihre Zuhörer*innen wissen, dass sie die Liebe zwischen zwei erwachsenen Menschen segnen werden – egal, ob diese homosexuell sind oder nicht. Und egal, ob der Vatikan das gutheißt oder nicht. Obwohl das Dokument aus Rom viele Menschen sehr verletzt hat, haben dennoch viele kirchliche Angestellte großen Mut und Rückgrat bewiesen. Es wurde zum pastoralen Ungehorsam aufgerufen. Den Aussagen der Glaubenskongregation wurde nicht einfach nur kopfschüttelnd begegnet, sondern es entstand eine Welle des Aufstands. Dem Lehramt wurde widersprochen. Selbst Bischöfe nahmen das Nein aus dem Vatikan nicht hin. So sagte der Augsburger Bischof Bertram Meier während einer Talkrunde, zu der wir beide eingeladen waren: «Ich lehne niemals einen Segen ab für Menschen, die zu mir kommen, um sich segnen zu lassen.» Und weiter: «Wenn Menschen sagen, sie wollen Werte wie Treue und Verbindlichkeit leben, dann gebe ich ihnen den Segen. Gutes Sprechen aus dem Munde Gottes sollten wir niemandem verweigern.» Und: Am 10. Mai 2021 wurde zur bundesweiten Aktion aufgerufen. Weit über 100 katholische Geistliche segneten in Deutschland in ihren Kirchen gleichgeschlechtliche Paare. In der Schweiz beteiligte sich ein Pfarrer aus Zürich an dieser Aktion und segnete alle Paare in einem Pavillon im Park. Für diesen Segnungs-Tag hatte er eigens eine

Parkbank in Regenbogenfarben gestrichen, auf denen die Paare sitzen durften.

Je mehr die Liebe zwischen zwei Menschen kirchlich gesegnet wird, desto mehr wird es Realität und umso weniger kann es verdrängt oder schlicht als «falsch» abgetan werden. Natürlich wird sich durch Segnungen von gleichgeschlechtlicher Liebe nicht so schnell das «Responsum ad dubium der Kongregation für die Glaubenslehre über die Segnung von Verbindungen von Personen gleichen Geschlechts» in Luft auflösen. Aber es war schon immer so, dass es Pionier*innen brauchte, die «einfach» taten, und an denen sich nachfolgende Generationen ein Vorbild nehmen konnten. Vor siebzig Jahren hätte sich vermutlich noch kein Priester zu diesem Schritt gewagt – abgesehen davon, dass Homosexualität gesellschaftlich auch noch unter Strafe stand.[43] Auch war die Sexualmoral der Kirche noch wesentlich enger gefasst, als sie es heute ist.

Mehr und mehr Seelsorgende wagen zu sagen: «Ihr seid willkommen. Kommt, ich segne eure Liebe.» Jetzt durch die Verlautbarung der Glaubenskongregation umso mehr. Denn Segen zu reglementieren, geht sehr vielen Menschen zu weit. Segen kommt von Gott, und Gott verwehrt keinem Menschen den Segen. Katholik*innen, die sich für die Liebe zwischen zwei Menschen einsetzen, zeigen, dass es eine Kirche der Liebe für die Liebenden gibt.

Ich bin mir sicher, dass diese Solidaritäts-Aktion auch die ältere Dame vom Frauenfrühstück tief berührt und ihr gezeigt hat, dass Kirche nicht nur katholisches Lehramt ist.

Regenbogen-Madonna

Kritischer Protest wird nicht nur in Deutschland geübt. Auch in Polen, was in Europa als der Hort des Katholizismus gilt, ergreifen Gläubige die Initiative. So versahen im April 2019 die Menschenrechtsaktivistin Elzbieta Podlesna und zwei Mitstreiterinnen den Heiligenschein der Madonna von Tschenstochau mit einem Regenbogen. Im Original glänzt der Heiligenschein der Madonna golden, nun mit der Regenbogenflagge der LGBTQIA*-Bewegung. «Maria steht auf unserer Seite», wollten die Aktivistinnen damit ausdrücken. Anlass für die Plakatverteilung in der Kreisstadt Płock, die nördlich von Warschau liegt, war, dass vor Ostern in vielen polnischen Kirchen das «Grab des Herrn» aufgebaut wurde. In Płock waren die Kartonwände des Grabes mit Begriffen für verschiedene Sünden beschriftet. Zu lesen waren: Egoismus, Hass, Verrat, aber auch LGBT und Gender. Ebenso der Spruch «Behüte uns vor dem Feuer des Unglaubens». Die homosexuelle Orientierung wurde mit Sünde gleichgestellt. Die Menschenrechtsaktivistin und ausgebildete Psychotherapeutin Elzbieta Podlesna wollte mit den Regenbogen-Madonna-Plakaten gegen die Intoleranz der katholischen Kirche protestieren und darauf hinweisen, dass die katholische Kirche in Polen zu viel Einfluss auf die Gesellschaft ausübt. Denn die katholische Kirche hat gemeinsam mit der rechtskonservativen Regierung unter Andrzej Duda die LGBTQIA*-Bewegung zum «Feind» erklärt.[44]

«Die Regenbogen-Maria ist meine absolute Lieblings-
darstellung», sagte eine junge Polin, die ich kürzlich über
Social Media kennenlernte. Sie macht sich in Polen für
Reformen in der katholischen Kirche stark. «Ich bewundere den Mut der Künstlerinnen. Aber da ich in Polen
lebe, kann ich mich nicht offen darüber freuen.» Bei der
zuständigen Staatsanwaltschaft sind inzwischen etliche
Strafanzeigen gegen die drei Frauen eingegangen. Ihnen
wird vorgeworfen, dass sie mit ihrer Regenbogen-Madonna die religiösen Gefühle von Gläubigen verletzten.[45]
Als die Künstlerinnen sich vor Gericht verteidigen
mussten, hat die junge Bioinformatik-Studentin an einer
Solidaritätsdemonstration teilgenommen. «Gott war mit
uns. Denn wo zwei oder drei in seinem Namen versammelt sind, da ist er mitten unter ihnen», sagte sie und
fügte begeistert hinzu: «Es war das stärkste Erlebnis von
gemeinschaftlicher Kirche, das ich seit Langem hatte –
nicht in einer Kirche, sondern draußen vor dem Gericht
bei eisiger Kälte. Nicht einem Priester zuhörend, sondern
einer Radioübertragung aus dem Gericht, mit Menschen
unterschiedlichen Glaubens oder gar keinem, mit Tee
und heißer Suppe. Das war pure Solidarität. Das hatte etwas Transzendentes.» Die Künstlerinnen wurden in
erster Instanz freigesprochen. «Gott sei Dank!», sagt die
junge Studentin sichtlich erleichtert. «Wie ein Verteidiger
vor Gericht sagte: Wenn die Regenbogen-Maria religiöse
Gefühle verletzt, dann ist Homophobie ein religiöses Gefühl.» Die Regenbogen-Madonna spaltete die polnischen

Katholik*innen. In einem offenen Brief an die polnische Bischofskonferenz kritisierten liberale Katholik*innen die Polizeiaktion gegen die Aktivistinnen. Es sei nicht die Aufgabe des Staates, über Gotteslästerung zu urteilen. Es sei eine «Instrumentalisierung der religiösen Symbole, die die Bischöfe stillschweigend hinnähmen».[46] Zudem wurde in dem offenen Brief eine Aussage des national-konservativen Parteivorsitzenden der PiS (Recht und Gerechtigkeit) und stellvertretenden Ministerpräsidenten Jarosław Kaczyński zitiert, wobei er «Attacken auf die Kirche als Attacken auf ganz Polen» gleichsetzte. Es handele sich hier um eine «Vereinnahmung der Kirche und des Landes durch eine politische Partei».

Als der Prozess gegen die Aktivistinnen im Januar 2021 begann, rief der deutsche Publizist Max Czollek dazu auf, die Regenbogen-Madonna in den Sozialen Netzwerken zu teilen und sich mit der LGBTQIA*-Szene und den drei gefangenen Frauen zu solidarisieren. Viele Menschen schlossen sich dem digitalen Protest an. Ich selbst wurde durch diese Online-Aktion erstmals auf den Protest in Polen aufmerksam. Dadurch wurde auch mir vor Augen geführt, dass die queere Community in anderen Ländern um ihre Rechte bangen muss und unter Repressalien leidet.

«In letzter Zeit ist viel passiert in der Kirche Polens», konstatiert die Studentin. «Widerstand gegen die polnische Politik ist immer auch Kritik an der katholischen Kirche Polens.» Bislang ist die Kleriker-Kirche in Polen noch stark, obwohl auch dort die männliche Bastion durch unzählige Missbrauchstaten an Kindern und Jugendlichen ins Wanken geraten ist und langsam bröckelt. «Ich denke, dass es nur einen Weg für einen Neuanfang der Kirche in Polen gibt: ein tatsächliches Ende. Es braucht wegen der Missbrauchsfälle einen Kollaps der Autorität. Und das passiert gerade», so die 21-Jährige.

In den letzten Jahren wurden diverse Dokumentationen und Filme ausgestrahlt, die den «Glanz» der Würdenträger infrage stellen. So beispielsweise der zweistündige Dokumentarfilm *Sag es niemand* des Filmautors Tomasz Sekielski. Er wurde auf Youtube[47] bereits über 24 Millionen Mal angeschaut und löste in Polen ein politisches und gesellschaftliches Beben aus. Die Doku berichtet über die Konfrontation zwischen Opfern und ihren Peinigern und zeigt auf, wie die institutionellen Strukturen der katholischen Kirche in Polen sexuelle Gewalt an Minderjährigen überhaupt erst ermöglichen konnten.[48] Nach Ausstrahlung des Filmes sprachen sich bei einer Umfrage 58,7 Prozent der polnischen Bevölkerung für Rücktritte von Bischöfen aus.

Die Kirche hat massiv an gesellschaftlichem Rückhalt verloren und gerät immer mehr unter Druck. Umfragen zufolge lehnen 47 Prozent der polnischen jungen Menschen zwischen 18 und 29 Jahren die Kirche inzwischen ab. Nur 9 Prozent bewerteten ihr Verhältnis zur Kirche als positiv. So steckt die Kirche in Polen in einer tiefen Krise. Das heißt aber noch lange nicht, dass die Menschen ihren Glauben verlieren und ihr Leben nicht mehr danach ausrichten.

Der Einsatz für eine lebendige Kirche der 21-jährigen Studentin aus Warschau macht mir deswegen Hoffnung. Sie erzählte mir ausführlich, wie Gläubige sich zusammen mit ein paar Priestern derzeit organisieren und langsam alternative Strukturen entwickeln, «neue Pfarreien» aufbauen und Reformen einfordern. «Aber wir sind noch nicht die Mehrheit, und wir haben auch keine Macht, Reformen durchzusetzen», bedauert sie. Die junge Frau engagiert sich ehrenamtlich in der größten Jugend- und Ehegemeinschaft Polens. Sie hilft bei der Organisation von Treffen und Exerzitien für junge Menschen mit und begleitet Jugendliche auf dem Weg zur Firmung. Gleichzeitig ist sie Mitglied des Kongresses der katholischen Männer und Frauen. Dieser Kongress ist das polnische Pendant des Deutschen Synodalen Weges. Zudem ist sie Gründungsmitglied von «Wir sind Kirche Polen», einer Reformbewegung von Lai*innen und Theolog*innen, die sich dafür einsetzt, die Ergebnisse des Zweiten Vatikanischen Konzils umzusetzen. «Wir sind im Moment noch klein, aber wir werden eine Menge machen», prophezeit sie mir. Der Synodale Weg in Deutschland schenke ihr sehr viel Hoffnung für eine Kirche, die Zukunft hat. Ebenso, dass sich Priester und Bischöfe gegen die Erklärung der Glaubenskongregation zum Nein von Segnungen gleichgeschlechtlicher Paare wehren und Lai*innen in Westeuropa Gemeinden leiten und predigen. Sie kennt bereits etwa hundert Personen in Polen, die noch in der Kirche sind und sich für Reformen einsetzen. Das sind nicht gerade viele, denke ich mir. «Viele Reformwillige sind bereits aus der Kirche in Polen ausgetreten», fügt sie hinzu. Geistliche seien, so die Studentin, nicht erpicht auf Reformen. «Die meisten sind zufrieden, so wie es ist – oder haben zu viel Angst, sich zu äußern.» Und dennoch bleibt sie. Ich habe großen Respekt vor ihrem Engagement. Als ich sie frage, welche Reformen junge Katholik*innen sich wünschten, sagt sie, dass es immer darauf ankommt, wen man fragt. «Es gibt nicht viele, die so fortschrittlich sind wie ich.» Generell wünschen sich die Katholik*innen, dass die Missbrauchsverbrechen ausnahmslos aufgedeckt und die Täter zur Rechenschaft gezogen werden. So gebe es etwa Katholik*innen, die sich für die Schließung von «Radio Maryja» einsetzten, da diese mit ihrer Propaganda etwa gegen die LGBTQIA*-Community, Migranten und die EU hetzt. «Wieder andere wünschen sich, dass das Bündnis zwischen der Kirche und den Regierungsparteien aufgehoben und das Konkordat, das der katholischen Kirche in Polen enorme Privilegien zuspricht, neu verhandelt wird.» Auch erhofften sich junge Polinnen und Polen, dass die Kirche sich nicht ins Sexualleben einmischt, sondern sich auf die echten Probleme im Leben der Menschen konzentriert. Auch gebe es einige, die gerne Priesterinnen und verheiratete Priester in der katholischen Kirche sehen würden. Ebenso, dass gleichgeschlechtliche Partnerschaften gesegnet werden, wiederverheirate Paare am kirchlichen Leben teilnehmen und Sakramente empfangen können. Resümierend kann man sagen, dass es die gleichen Themen sind, die auch bei uns im deutschsprachigen Raum auf dem Tisch liegen.

In Diskussionen über Reformen wird gerne das «Argument» der Weltkirche vorgebracht – als Exempel für eine starke Kirche in Europa wird Polen genannt. Wie oft habe ich schon gehört: «Wenn nicht einmal Polen Veränderung will, wie wollen wir dann afrikanische oder südamerikanische Länder mittragen?» Der Austausch mit der jungen Studentin aus Warschau zeigt mir jedoch deutlich, dass es auch in Polen zu einem Aufbruch gekommen ist und die Forderungen nach Reformen in Zukunft noch lauter werden.

Sie liebt es, in der Kirche tätig zu sein, und dennoch ist es nicht immer einfach. Sie ist lesbisch. «In der Kirchengemeinde kann ich das keinem sagen. Sonst werden mir die Kirchenoberen die Arbeit mit den Jugendlichen verbieten», vermutet die Studentin. Sie trage viel Liebe für die katholische Kirche in ihrem Herzen. «Doch es ist eine Art toxische Beziehung, weil meine Kirche mich nicht zurückliebt.» Es ist für sie durchaus eine psychische Belastung, von Geweihten zu hören, dass homosexuelle Menschen nicht dazugehören oder «geheilt» werden müssen. Aussagen von Marek Jedraszewski, Erzbischof von Krakau, der von einer «Regenbogen-Plage» spricht, verletzen die junge Frau. Sie fühlt sich dennoch richtig in der Kirche, auch wenn sie sich ungehört fühlt und manchmal sogar Angst hat, weil LGBTQ-Personen in Polen immer wieder angegriffen werden. Doch: Austreten kommt für sie nicht infrage. «Ich glaube, dass Gott will, dass ich mich für die Kirche einsetze. Es ist meine Aufgabe», sagt sie. Sie setzt sich für eine katholische Kirche ein, die vielleicht, wie sie sagt, zuerst zu Ende gehen muss, um eine Zukunft zu haben. Doch diese ist dann stärker und so, wie viele sie sich wünschen – auch in Polen.

Gott mit Gendersternchen

Mit der Kampagne «Gott*» warb der Verband der Katholischen Studierenden Jugend (KSJ) im Jahr 2020 dafür, Gott künftig mit Gendersternchen zu schreiben, um darauf aufmerksam zu machen, dass Gott mehr ist als nur Vater. Ihr Ziel war es, Gott aus der geschlechtlichen Ebene herauszuholen und gleichzeitig die Leser*innen damit herauszufordern.

Als ich auf Social Media in einem Gebet Gott mit einem Stern geschrieben habe, meldeten sich alsbald einige Personen und beklagten sich, dass man Gott doch nicht gendern müsse. «Das geht zu weit», schrieb ein junger Mann. «Es geht darum, dass wir darüber nachdenken, was und wer Gott ist», antwortete ich. Denn Gott ist viel mehr als das, was wir uns vorstellen können. Gott auf ein Geschlecht zu reduzieren, widerspricht dem christlichen Glauben. Denn mit Anselm von Canterbury gesprochen: «Gott ist das, worüber hinaus nichts Größeres gedacht werden kann.» Die Kampagne hat das Sternchen bewusst gesetzt, denn Gott hat kein Geschlecht und gleichzeitig alle.

Ich versuchte dem Follower anhand der Trinität aufzuzeigen, dass Gott eben nicht nur männlich gelesen werden darf. Wir beten zu Gott Vater, zu Gott Sohn und zu Gott, dem Heiligen Geist. In Jesus Christus zeigt sich das Männliche, wobei auch er vom klassischen Männlichkeitsideal seiner Zeit abwich und viele weibliche Züge trug. Der Heilige Geist heißt im Hebräischen *Ruach* und ist weiblich. Und Gott, dieser ist alles dazwischen und noch viel mehr. Gott Vater ist eigentlich ein Neutrum, obwohl viele ihm den männlichen bestimmten Artikel beifügen. Ich kenne Seelsorgende, die auch im Gottesdienst darauf achten, Gott nicht exklusiv männlich zu denken und – wann immer möglich – von «Gott, der wie ein Vater und eine Mutter ist», sprechen. Damit soll gezeigt werden, dass Gott eben nicht ausschließlich männlich ist. Denn Gott wird in der Bibel vielfältig dargestellt. Die klassischen Bezeichnungen von Gott, die jeder wohl kennt, sind Retter, König, Vater, Freund, Krieger, Richter, Burg oder Hirte. Im Buch Jona wird Gott als ein lästiger Wegbegleiter beschrieben, den Jona zunächst versucht abzuschütteln. Im 1. Buch der Könige wird Gott hingegen ganz zart dargestellt: «Nach dem Erdbeben kam Feuer; aber der Herr war nicht im Feuer. Nach dem Feuer kam ein leises, sanftes Säuseln.» Gott wird auch als gebärende Frau (Hiob 38,29) oder als stillende und sorgende Mutter (Jes 49,15) beschrieben. Gott ist laut biblischen

Autoren auch wie eine Hebamme, eine Bärenmutter, eine Adlermutter und eine Henne. Es gibt unzählige Bilder von Gott, die im Ansatz versuchen, das zu beschreiben, was nicht beschreibbar ist. Auch Transmenschen und Non-Binäre können sich daher im christlichen Gottesbild wiederfinden und geborgen fühlen. «Jetzt verstehe ich. Danke, dass du meinen Horizont erweitert hast», schrieb mir der junge Mann. Ich freute mich natürlich, dass er dem Sternchen nun nicht mehr ablehnend gegenüberstand.

Wer aufmerksam die katholische Jugend im deutschsprachigen Raum beobachtet, sieht, dass sie alles andere als still ist – auch nicht diejenigen, welche die katholische Kirche bedauerlicherweise verlassen wollen. Mit diversen Aktionen machen sie sich immer wieder stark für eine weltoffene Kirche. Der BDKJ im Erzbistum Köln etwa zeigt mit der Kampagne «katholisch + anders als du denkst», dass sie mutig die Kirche von morgen gestalten wollen. Sie ließen etwa Postkarten mit der Aufschrift «und sie folgten einem leuchtenden Genderstar» drucken und zeigen damit, dass sie sich eine geschlechtergerechte Kirche wünschen.

Eine weitere Initiative von jungen Katholik*innen versucht seit einiger Zeit, mit dem Hashtag *#meingottdiskriminiertnicht* und ihrer Website den Menschen eine Stimme zu geben, die in der Kirche Diskriminierung erfahren haben. Die Gründerinnen der Initiative erleben in ihrer Kirche, dass in Gottes Namen ein patriarchales System aufrechterhalten wird und Menschen aufgrund ihres Geschlechts oder ihrer sexuellen Orientierung ausgeschlossen werden.[49] Sie kritisieren, dass die Kirche die Würde jedes Menschen zwar ausspricht und dazu anmahnt, aber gleichzeitig queere Menschen diskriminiert. «Nur wenn die Kirche ihre diskriminierenden Strukturen aufhebt, kann sie wieder glaubwürdig von einem liebenden und gerechten Gott sprechen»[50], sagt Claudia Danzer von der Initiative in einem Interview. Auf ihrer Website, auf Twitter und Instagram können Menschen ihre Erfahrungen mit Diskriminierung in der Kirche veröffentlichen. Sie wollen damit Diskriminierungserfahrungen in der katholischen Kirche sichtbar machen und dadurch zu einer strukturellen Veränderung beitragen. Damit stellen sie sich auf die Basis des Zweiten Vatikanischen Konzils, das in der Pastoralkonstitution *Gaudium et spes* Nr. 29 festhält: «Doch jede Form einer Diskriminierung in den gesellschaftlichen und kulturellen Grundrechten der Person, sei es wegen des Geschlechts oder der Rasse, der Farbe, der gesellschaftlichen Stellung, der Sprache oder der Religion, muss überwunden und beseitigt werden, da sie dem Plan Gottes widerspricht.»

Die vielen Kampagnen und die vielen Ideen der verschiedenen katholischen Verbände zeigen, dass Veränderung sehr gewünscht und nicht nur ein Randthema von ein paar liberal-denkenden Katholik*innen ist. Die unzähligen Menschen, die sich gute Gedanken zur kirchlichen Zukunft machen, bringen die Kirche schon dadurch voran. Sie setzen etwas in Bewegung, regen zur Diskussion und zum Nachdenken an. Und wer weiß, vielleicht wird in Zukunft Gott immer mit Stern geschrieben.

Auf Augenhöhe gehen

«Natürlich komme ich zu euch»

«Jene, die wir jetzt gleich besuchen werden, kommen nie in die Kirche», sagte mir ein Priester auf dem Weg in ein Wirtshaus in Österreich. Es war früher Abend und die Gaststätte war schon gut besucht. «Ich komme jede Woche hierher.» Wir setzten uns an den Stammtisch, an dem bereits sieben Männer Karten spielten. Der Pfarrer bestellte sich ein Bier und etwas zu essen und fragte in die Runde: «Na, wer ist am Gewinnen? In der nächsten Runde spiele ich aber mit!» «Aber sicher doch, Herr Pfarrer. Heute sind Sie spät dran, darum haben wir einfach schon mal angefangen», rief ein Mann über den Tisch. Da ich das Spiel nicht kannte, schaute ich aufmerksam zu. «Hainz, wie geht's dir und deiner Frau? Ist sie schon aus dem Krankenhaus entlassen worden?», fragte der Pfarrer. Hainz begann zu erzählen. «Weißt du, ich schätze es sehr, dass unser Pfarrer jede Woche kommt – obwohl wir alle nicht in die Kirche gehen und gegenüber denen da oben echt kritisch eingestellt sind», sagte mir unterdessen ein anderer Mann und deutete verächtlich zur Decke. Es sei nicht selbstverständlich, so einen Priester im Dorf zu haben, der auch jene «Seelen» besucht, die sich von der Kirche abgewandt haben. «Natürlich komme ich zu euch», rief der Pfarrer in die Runde. «Bei euch ist es doch immer schön. Und schließlich seid ihr auch meine Schäfchen, auch wenn ihr nicht in die Kirche kommt.» Der Pfarrer fluchte von Zeit zu Zeit, weil er beim Kartenspiel verloren hatte. Wir lachten nur. «Mit ihm habe ich schon die besten theologischen Gespräche führen können – auch wenn ich natürlich kein Profi bin auf dem Gebiet», sagte der Mann neben mir. «Und wenn ich Sorgen habe, weiß ich, dass jede Woche der Pfarrer kommt und ich mit ihm darüber sprechen kann. So wie jetzt, wo meine Frau im Krankenhaus lag», fügte Hainz hinzu. Nach etwa einer Stunde verabschiedeten wir uns wieder von den Männern. «Es ist wichtig, dass ich dort regelmäßig bin», sagte mir der Pfarrer beim Verlassen der Gaststätte. «Nur weil sie nicht in die Kirche kommen, heißt das nicht, dass sie nicht an Gott glauben. Sie haben Anfragen an die Kirche, und das ist auch gut so.» Ich sagte ihm, dass ich gespürt habe, wie sehr die Männer seinen wöchentlichen Besuch schätzten und ihre Augen strahlten, als sie ihn das Wirtshaus betreten sahen. «Weißt du, manche von denen sind eher still. Die würden niemals vor einer Gruppe sagen, was sie bedrückt. Aber es ist ja auch okay, wenn wir einfach nur über das Wetter oder das letzte Fußballspiel sprechen. Wichtig ist, dass sie wissen, wo sie mich finden.» Ich stimme ihm zu.

Die Menschen sollten wissen, wen sie kontaktieren können, wenn sie jemanden zum Reden brauchen und

Anfragen an den Glauben haben. Damit sie nicht auf sich allein gestellt sind, versucht der Pfarrer, im Dorf so stark präsent zu sein, wie es nur geht. Bei politischen Veranstaltungen – auch wenn er anderer politischer Ansicht ist – ist er genauso anzutreffen wie beim Dorffest oder der Fastnacht. Für ihn bedeutet Priestersein, nicht einfach nur theologische Worthülsen von der Kanzel herab zu predigen, sondern die Kirche zu den Menschen zu bringen und dadurch – trotz aller Skandale – seine Kirche in ein besseres Licht zu rücken. «Das, was unser Bischof immer verzapft, ist einfach nur grausam. Und die Scheinheiligkeit in Rom ist auch nicht mehr auszuhalten», sagte mir ein Dorfbewohner bei einer flüchtigen Begegnung. «Aber wenigstens haben wir noch unseren Pfarrer. Wenn er nicht so ein normaler Mensch wäre, wäre ich schon längst aus der Kirche ausgetreten.»

Dass Menschen nur wegen ihres Pfarrers oder dem Pfarreiteam bleiben, höre ich sehr häufig. Und vielleicht sollte das auch für die Bischöfe und das Ausbildungspersonal ein Anhaltspunkt sein, wenn es darum geht, Stellen zu besetzen. Denn nicht nur die doppelbödigen Aktionen von Bischöfen und Kardinälen treiben Menschen aus der Kirche, sondern auch das Personal vor Ort. Während des Theologiestudiums habe ich viele tolle Personen kennengelernt, welche den Pfarreien hätten Glanz verleihen und mit ihrer unvergleichlichen Kreativität und Spiritualität neue Menschen für die Kirche gewinnen können. Doch: Da diese nicht immer ganz unkritisch gegenüber der Institution Kirche eingestellt waren, wurden sie zur weiteren Ausbildung erst gar nicht in Betracht gezogen. Wie viel Potenzial wurde da verschwendet?! In der heutigen Krisenzeit braucht die Kirche mehr denn je kreative Köpfe, die ein Gespür dafür haben, was die Menschen bewegt und was sie brauchen. Ziel darf es dabei aber nicht sein, die Erfolge nur daran zu messen, wie viele Menschen wieder einen Sonntagsgottesdienst besuchen. Viel wichtiger als diese Zahlen ist es, als Kirchenvertreter*in vor Ort wahrhaft das Evangelium zu leben und als Hauptamtliche offen und vor allem ansprechbar für die Bevölkerung zu sein.

«Nicht Randständige, sondern unsere Mitte»

Während meines Theologiestudiums habe ich eine geweihte Jungfrau kennengelernt, die nicht der klassischen Vorstellung einer Schwester entspricht. Über ihrem Habit trug sie immer einen Kapuzenpulli, dazu Turnschuhe. Schon damals habe ich gemerkt, wie groß ihr Herz für die Menschen ist. Seit ein paar Jahren arbeitet sie in einer Großstadt auf der Straße und kocht mit einer Gruppe von Ehrenamtlichen jeden Tag eine Mahlzeit für die Obdachlosen, Randständigen und Prostituierten. Mit ihrem Bollerwagen stehen sie in der «Prostitutions-Straße» und verteilen Essen. Besonders während der Corona-Krise verschlimmerte sich die Lage für diese Menschen.

Prostituierte hatten kaum noch Einnahmen – und wenn doch – waren sie den Gefahren einer Infektion ausgesetzt. Obdachlose erhielten kaum mehr Geld- oder Lebensmittelspenden auf der Straße, da viele Menschen aufgrund des Lockdowns entweder zu Hause blieben oder Angst vor der Nähe zu einem fremden Menschen hatten. Während der zweiten Welle rief ich die Schwester an – denn ich hatte über eine Whatsapp-Gruppe erfahren, dass sie händeringend Unterkünfte für Prostituierte und Obdachlose suchte. In den meisten Pfarreien, die eigentlich viel Platz zur Verfügung haben, stieß sie leider überwiegend auf taube Ohren. Doch genau dies könnte zu einer neuen Strahlkraft der Kirche führen. Was für eine Außenwirkung hätte eine Pfarrei, die ihren Pfarreisaal oder einige Zimmer im Pfarrhaus für Randständige zur Verfügung stellt?! Kirche würde wieder als das wahrgenommen, was sie sein soll – nämlich Dienerin der Menschen und insbesondere jener, die auf der Schattenseite des Lebens stehen. Vermutlich könnten dadurch auch ganz neue Personengruppen zu einem Ehrenamt motiviert werden, die sonst kaum oder gar nicht in der Kirche anzutreffen sind. Und auch, wenn niemand kommt, ist es das Richtige, zu helfen. Gerade in der Krise ist es für die Kirche eine echte Chance, ein neues diakonisches Profil zu entwickeln. Anstatt sich ins Schneckenhaus zurückzuziehen, gilt es, mutig zu handeln und den Menschen in Not und Bedrängnis zu helfen. Und da eine Krise die Ärmsten immer am meisten trifft, gilt es, dort anzusetzen.

In einem langen Gespräch erzählte mir meine persönliche Heldin der Armen von Begegnungen mit den Bedürftigen. Sie betonte immer wieder, welch ein Segen diese Menschen für unsere Gesellschaft sind, denn sie können tief in uns hineinblicken und uns spiegeln. Viele der Menschen, mit denen sie jeden Tag zusammen ist, sind fest im Glauben an Gott verankert. Auf der Straße wird gemeinsam gelacht, geweint und es werden tiefgründige Gespräche geführt. «Sie bereichern mich so sehr», sagte sie. Gleichzeitig erzählte sie mir auch von schlimmen Erlebnissen. Etwa wie sehr Prostituierte ausgebeutet werden und unter Menschenhändlern leiden. Viele Freier verlangen von den Frauen, ohne Kondom Sex zu haben, und geben den Frauen dann die Pille danach. «Sie wissen gar nicht, was das mit den Frauen macht, die meist aus östlichen oder südlichen Ländern stammen, in denen Abtreibung oder die Pille danach ein Tabu sind. Diese Frauen haben ihr Leben lang Gewissensbisse und werden damit allein gelassen.» Sie verurteilt die Frauen nicht. Sie hört zu und bietet Hilfe beim Ausstieg aus der Prostitution an. Sie möchte nicht wegschauen und diese Menschen ihrem Schicksal überlassen. Sie sieht ganz genau hin. «Diese Menschen sind nicht Randgruppen, sie sind die Mitte unserer Gesellschaft. Wenn wir sie vergessen oder übersehen, dann verlieren wir den Kern.» Jeden Tag geht sie auf die Straße und ist für diejenigen da, die sie brauchen. Sie hört zu und hilft, wo immer sie kann. Sie sitzt auch schonmal stundenlang mit einer schwangeren

Prostituierten im Gebärsaal und drängt die Ärzte, den Obdachlosen, der sich etwas gebrochen hat, aber keine Krankenversicherung besitzt, zu behandeln. «Es hat mit Menschenwürde zu tun», sagt sie und macht meiner Meinung nach genau das, wozu Jesus uns aufgerufen hat: Sie stellt die Menschen in den Mittelpunkt, hört ihnen zu und handelt, wenn nötig. «Ich bin auch Kirche», sagte sie. Natürlich ist sie es. Ich wunderte mich, warum sie es so betont. Doch dann wurde mir klar, warum: Sich für Prostituierte einzusetzen, die in den Augen des katholischen Lehramts in Sünde leben, gefällt sicherlich nicht allen in der Kirche. Doch sie erfüllt damit genau Jesu Botschaft: Den Menschen lieben und ihn nicht ausschließen. Sie ist für mich ein Exempel, wie Kirche zu sein hat. Wer das Evangelium nur von der Kanzel her kennt und nicht im praktischen Leben anzuwenden weiß, verliert denjenigen schnell aus dem Blick, dem wir die biblischen Worte zu verdanken haben.

Nach dem Telefonat schrieb ich einige in meinem Umfeld an, von denen ich weiß, dass sie in derselben Stadt wohnen. Auch ich wäre bereit gewesen, für einige Wochen eine Prostituierte bei mir aufzunehmen. Allerdings hat die Schwester eine noch bessere Lösung gefunden, sodass die Obdachlosen und Prostituierten nicht aus ihrem sozialen Umfeld gerissen wurden und sich frei bewegen konnten: Sie sammelte in einer Spendenaktion Gelder, mit denen sie Hotelzimmer buchte. Es kam zum Glück – auch dank vieler Pfarreien – eine große Summe zusammen, sodass viele Hilfsbedürftige für einige Zeit zur Ruhe kommen konnten.

Hostien im Briefkasten

In der Corona-Krise musste die Kirche kreativ werden und neue Wege finden, um den Menschen beizustehen. In vielen Pfarreien wurde überlegt, wie Kirche auch während des Corona-Lockdowns sichtbar bleiben kann, auch wenn die Menschen sich nicht mehr zum Gemeindegottesdienst oder bei kirchlichen Anlässen treffen konnten. Schnell wurden die Gottesdienste online gestreamt und auf Youtube hochgeladen. Es wurden Zoom-Messen veranstaltet und die Gläubigen dazu ermuntert, sich die Gottesdiensttexte online downzuloaden, um zu Hause selbst Gottesdienst zu feiern. Engagierte Seelsorger*innen verbrachten Dutzende Stunden täglich, um möglichst viele, vor allem alleinstehende Menschen in der Pfarrei anzurufen, die sich dankbar für jedweden Kontakt zeigten. Die Telefonate wurden mit einer menschennahen Kirche in Verbindung gebracht. Pfarrerinnen und Pfarrer hängten auf den Kirchplätzen Bibelverse auf, die abgerissen und mitgenommen werden konnten. An Ostern warteten dort kleine Tüten mit Überraschungen. An Weihnachten standen unter so manchen «Wunsch-Christbäumen» kleine Geschenke, welche die Gemeindemitglieder abholen konnten. Die Gemeinden versuchten, dadurch den Menschen in der

Krise Mut und Zuversicht zu schenken. Seelsorger*innen und Katechet*innen verschickten den Erstkommunionkindern Briefe mit kurzen Gebeten und Erklärungen zu Gründonnerstag, Karfreitag und Ostern. Die Kinder wurden an Palmsonntag durch Post aus der Pfarrei dazu ermutigt, daheim im Garten einen Zweig abzuschneiden und diesen zu segnen. Auf Instagram entstand der Hashtag *#ansprechbar*, um den Menschen in der Krise beizustehen und zu zeigen, dass Kirche auch im Netz anzutreffen ist. Ein Freund von mir, der kürzlich zum Priester geweiht wurde, ging am Ostersonntag zusammen mit seinem Ausbildungspfarrer von Haus zu Haus und brachte den Menschen den Ostersegen und Hostien. Die Pfarreimitglieder haben hierfür vor ihrer Haustür kleine Tische aufgebaut und diese kunstvoll mit einem Kreuz, Kerzen und Gaben geschmückt. So feierten die beiden ganz viele kleine Osterfeste. An Weihnachten gaben Seelsorger*innen alles, um viele Online-Gottesdienste zu streamen und Andachten mit ihren Follower*innen auf Instagram zu feiern. All dies zeigt mir, wie Kirche sich neu «erfinden» und ausrichten kann, überall dort, wo es Menschen gibt, die ihrem Charisma und ihrer Berufung folgen. Traurig stimmt es mich, wenn ich höre, wie solcher Einsatz gehemmt wird.

Eine Seelsorgerin berichtete, wie eine ältere Dame, der die Eucharistiefeier sehr am Herzen liegt, verzweifelt bei ihr anrief und fragte, ob es eine Möglichkeit gäbe, die Kommunion zu erhalten. Die Heilige Messe hat ihr in ihrem Leben immer genügend Kraft gegeben, Krisen und

Hindernisse zu überwinden. Doch die Corona-Krise und die damit verbundene Isolation verlangten ihr nun viel ab und ließen sie spirituell aushungern. Die Seelsorgerin erkannte die Not der Frau und handelte prompt. Da es aufgrund des Lockdowns und der zu dieser Zeit geltenden Bestimmungen nicht möglich war, sich in der Kirche oder bei der Frau zu Hause zu treffen, legte sie kurzerhand eine geweihte Hostie samt Gebeten in einen Umschlag und warf diesen in den Briefkasten der Dame. So konnte die Katholikin in ihren eigenen vier Wänden einen Gottesdienst feiern. Sie verspürte durch die Kommunion wieder Kraft in der schwierigen Situation. Sie fühlte sich getragen von Gott und der Kirche. Jesus war mitten in ihrem Wohnzimmer angekommen und bestärkte sie in ihrem Glauben. Von diesem Einsatz der Seelsorgerin war die Katholikin hellauf begeistert. Im Dorf sprach es sich schnell herum, sodass weitere Haushalte mit konsekrierten Hostien beliefert wurden. Sie war bei Weitem nicht die einzige Seelsorgerin, die durch diesen Dienst die Seelen der Menschen berührte und ihren Hunger nach Gott stillte. Doch schon kurze Zeit später musste sie sich von ihrem Bischof anhören, dass es verboten sei, Hostien in einem Privathaushalt aufzubewahren. Man wisse ja nicht, was mit dem Leib Christi gemacht werde. Das ist richtig, doch ich finde es zynisch, dass der Bischof in Krisenzeiten verbietet, die Kommunion zu verteilen. Auch ein Freund, mit dem ich darüber sprach, empörte sich: Der Bischof selbst darf Eucharistie feiern und kann seinen Hunger nach Gott stets stillen und das Volk lässt er sakramental verhungern?! Ich denke, man darf den Gläubigen mehr Vertrauen schenken und ihnen auch zutrauen, dass sie mit dem Allerheiligsten verantwortungsvoll umgehen. Gleichzeitig denke ich, dass die Kirche nie verschwenderisch genug sein kann mit der Liebe Gottes.

Die Seelsorgerin hat sich von diesem «Verbot» und der bischöflichen Anweisung nicht einschüchtern lassen und hielt sich an Jesu Aussage: «Der Sabbat ist um des Menschen willen gemacht und nicht der Mensch um des Sabbats willen.» (Markus 2,27) Die Menschen und die Verkündigung des Jesus-Wortes waren ihr wichtiger.[51]

So lernen die Gläubigen eine Kirche kennen, die sie in den Mittelpunkt stellt und in ihren Nöten und Ängsten nicht allein lässt. «Das ist die Kirche, die ich mir wünsche», sagte mir ein älterer Mann. «Was bringt es mir, wenn der Priester allein eine Messe feiert und die Bischöfe sich in der Krise verkriechen? Ich brauche doch selbst den Leib Christi. Solche Seelsorger*innen braucht es immer mehr. Hoffentlich folgen viele ihrem Beispiel. Denn sie sind wirklich Kirche Jesu Christi.» Ich schließe mich seinem Wunsch an.

«Geschiedene sind herzlich eingeladen»

Vor ein paar Jahren durfte ich bei einer Hochzeit mitwirken. Im Vorfeld hatte mir der Priester erzählt, wo sich das Paar kennengelernt hatte, wie lange sie schon zusammen leben und weshalb sie sich kirchlich trauen lassen möchten. Er wusste, dass sich unter den Hochzeitsgästen auch Geschiedene und wiederverheiratete Geschiedene befanden, die der Kirche aufgrund der lehramtlichen Haltung sehr kritisch gegenüberstanden. Nun aber suchten sie wieder eine Kirche auf, um die Liebe von zwei ihnen nahestehenden Menschen zu feiern. Ich spürte, wie die Gäste gespannt der Predigt lauschten, und sah, dass der ein oder andere schmunzeln musste. Denn der Priester sprach nicht nur berührend über das Paar, sondern baute auch an manch einer Stelle einen kleinen Witz ein oder legte die Bibelstelle mit einem Augenzwinkern aus. Sein Humor war ansteckend, was die angespannt-festliche Stimmung in der Kirche enorm lockerte. Als der Priester dann die geweihten Hostien dem Ehepaar überreichte und sich aufmachte, im Mittelgang den Hochzeitsgästen die Kommunion auszuteilen, sagte er: «Wer geschieden ist, ist herzlich eingeladen, die Eucharistie zu empfangen». Einige Köpfe hoben sich ruckartig. «Die Eucharistie soll uns allen Kraft geben, sie will das heilen, was kaputt gegangen ist. Darum: Jeder, der oder die nach vorne kommen möchte, darf das gerne tun. Ganz egal, was er oder sie für eine Lebensgeschichte mitbringt.» Alle Gäste traten an den Altar. Und in manchen Augen der Gäste sah ich sogar Tränen der Dankbarkeit dafür, in dieser Kirche ernst- und wahrgenommen zu werden. Nach der Trauung gab es im Pfarrgarten noch einen Sektempfang, bei dem ich mit einigen Gästen ins Gespräch kam. «Ich wollte nur danke sagen!», mit diesen Worten kamen einige Gottesdienstteilnehmer auf den Pfarrer zu und eine Frau unterhielt sich länger mit ihm: «Bei einem anderen Pfarrer hätte ich nicht aufstehen dürfen.» «Doch, sie dürfen immer zur Kommunion gehen», unterbrach sie der Pfarrer, «auch wenn sie nach der Scheidung in einer neuen Partnerschaft leben, dürfen Sie zur Kommunion gehen. Denn die Kommunion ist Heilmittel und keine Belohnung für die Superfrommen, die vermeintlich alles richtig machen im Leben. Schon Papst Franziskus sagte dies mit ähnlichen Worten: ‹Die Eucharistie ist, obwohl sie die Fülle des sakramentalen Lebens darstellt, nicht eine Belohnung für die Vollkommenen, sondern ein großzügiges Heilmittel und eine Nahrung für die Schwachen.›[52]» Die Frau antwortete: «Ich weiß ja. Doch noch nie hat ein Priester so ausdrücklich auch Leute wie mich zur Kommunion eingeladen. Vielen Dank, dass Sie so sind, wie ich mir Kirche wünsche.» Mir sagte ein Mann nach der Trauung, dass wenn Kirche immer so wäre und so offen mit den Menschen umginge, deren Lebensweg eben nicht gradlinig verläuft, würde er auch öfter in die Kirche gehen. «Dieser Pfarrer heute hat mir wieder neue Hoffnung geschenkt – und Lust darauf, wieder häufiger einen Gottesdienst zu besuchen.»

Für mich war diese Hochzeit eine große Bereicherung. Denn ich konnte hautnah miterleben, wie Menschen ein anderes Bild von Kirche erhalten haben. Der Pfarrer ist auch für mich ein Vorbild, immer den Menschen in den Mittelpunkt zu stellen.

In dem Zusammenhang fällt mir wieder eine Begegnung ein, die ich vor etwa zwei Jahren hatte: Ich habe damals einen reformierten Pfarrer kennengelernt, der seine Dissertation über das Thema «Scheidungsrituale» schrieb. Sein fast 1000-seitiges Werk habe ich im Anschluss an unser Treffen verschlungen und war begeistert von den zahlreichen wertvollen pastoralen Ansätzen. Eine Scheidung stellt immer eine bittere Realität für die Betroffenen dar. Der eigene Lebensentwurf ist zerstört worden, der Traum vom gemeinsamen Lebensweg, vom gemeinsamen Altwerden, ist geplatzt. Nach einer Scheidung stehen die Betroffenen am Ende eines Lebensabschnitts und am Beginn eines neuen, noch ungewissen Weges. «Gerade in dieser schmerzhaften Zeit ist es wichtig, dass Kirche durch Rituale den Übergang zu diesem neuen Lebensabschnitt erleichtert und begleitet», schreibt er. Ihm ist es ein Anliegen, dass Scheidungsrituale in der Seelsorge und der Pastoral einen Platz finden. Sie sollen dazu beitragen, dass Lebenserfahrungen verarbeitet, verwandelt und integriert werden. «Es gibt unzählige Scheidungsrituale», sagte er. Welche er denn besonders häufig anbieten würde, fragte ich ihn. «Bevor wir solch ein Ritual machen, gibt es zuerst ein intensives Gespräch. Ich muss wissen, was für die Person oder die Personen passt. Manchmal möchte ein Partner solch ein Ritual nicht mitmachen, dann suchen wir nach einer Form, die für die einzelne Person stimmig ist.» Er berichtete mir von einem Ehepaar, das sich über die Jahre hinweg auseinandergelebt hatte. Sie hatten Kinder und wollten daher in einem gemeinsamen Ritual ihre gemeinsamen Ehejahre würdigen, aber nun getrennte Wege gehen. Sie vergruben ihre Eheringe vor der Kirche, in der sie geheiratet hatten. So haben sie ihre Ehe zurück in Gottes Hände gelegt. Ein anderes Paar ließ die Eheringe einschmelzen und daraus ein Schmuckstück für die gemeinsame Tochter anfertigen. «Das Kind wurde integriert in das Ritual, denn es sollte wissen, dass die Liebe der Eltern zu ihr nicht kleiner wird, auch wenn die Liebe zwischen den Eltern zerbrochen ist. Sie sind nun nicht mehr ein Liebespaar, werden aber immer ein Elternpaar bleiben.» Als ich mit dem Pfarrer in der Kirche stand, zeigte er mir eine große Schale. «Das getrennte Paar kann alles, was in der Ehe schön, aber auch schlecht war, zu Papier bringen. Danach verbrennen wir es in dieser Schale. Es geht um Loslassen und Umwandlung.» Auch gibt es die Möglichkeit, alles, was die Ehe ausmachte, alle Verletzungen und schönen Momente, auf einen Porzellanteller zu schreiben. «Diesen werfen wir dann auf den Boden. Jenes Stück, auf dem nichts steht, nimmt die Person mit nach Hause. Aus den unbeschriebenen Scherben entsteht nun etwas Neues.» Damit es aber nicht erst zur Scheidung kommt, bieten der reformierte Pfarrer und seine Ehefrau – ebenfalls Pfarrerin – intensive Traugespräche und auch Angebote für Paare an. «Doch wenn es dann schließlich doch nicht klappt, können wir als Kirche sie nicht einfach im Stich lassen. Wir müssen sie auch durch diese schweren Zeiten tragen und ihnen pastorale Hilfen anbieten, mit dem Erlebten abzuschließen.» Scheidung werde so nicht als Sünde angesehen, sondern als möglicher Tod einer Liebesbeziehung. Auch innerhalb der katholischen Kirche gab es in den letzten Jahren einige pastorale Ansätze, wie Menschen, die sich haben scheiden lassen, seelsorglich und rituell begleitet werden könnten.[53] Das theologisch progressive Magazin *Eureka Street* der australischen Jesuiten forderte sogar ein Scheidungssakrament. «Vielleicht sollten wir ein Ritual schaffen, mit dem wir ihren mutigen Versuch ehren und ihr gescheitertes Unterfangen formell abschließen. […] Ich sage nicht, dass wir die Scheidung feiern sollten. Kein Tod verdient Feier, denn Tod ist Verlust, Loch, Leere. Aber auf die gleiche Weise feiern wir das gelebte und das kommende Leben, wenn wir Beerdigungen durchführen, warum nicht die geliebte Liebe und die kommende Liebe mit einer Beerdigung für eine Ehe feiern?»[54] In der Theologie und der Pastoral vor Ort gibt es auch in der katholischen Kirche bereits heute mutige Ansätze, die darauf bedacht sind, das Bild der ausschließenden Kirche zu überwinden. Das macht mir Hoffnung!

Hoffnung verkünden

Gögginger Experiment

Ich stamme aus einem kleinen knapp 1000-Seelen-Dorf in Süddeutschland, das an der Wende zum 19. Jahrhundert mit dem «Gögginger Experiment» in die Kirchengeschichte einging. Nur wenige wissen, was Pfarrer Josef Willibald Straßer damals Revolutionäres tat: Als er 1804 in Göggingen Pfarrer wurde, beschloss er, den Gottesdienst umzukrempeln. Er ging sogar so weit, während des Gottesdienstes kirchliche Handlungen zu erklären. Seine Gemeinde sollte wissen, was gefeiert wird. Revolutionär war auch, dass er deutsche Passagen in die lateinische Messliturgie einbaute und darüber hinaus verschiedene Teile ganz durch deutsche Übersetzungen ablöste. Im Jahr 1804 wurde zum ersten Mal in der Gögginger Kirche das Vaterunser auf Deutsch gebetet. Konservative Kreise empörten sich über den innovativen, modernen Priester und verspotteten seine Weitsicht. Schließlich pfiff ihn der Bischof zurück, und bereits kurze Zeit später wurde das «Gögginger Experiment» abgeblasen, und Priester, die dem Beispiel Straßers folgten, wurden genötigt, ihre «Segel einzuziehen».

Der Historiker und Buchautor Armin Heim bringt es in einem Zeitungsartikel über Straßer auf den Punkt: «Vieles, wofür der einstige Gögginger Geistliche gekämpft hatte, erscheint heute selbstverständlich. Dennoch mussten noch etliche Menschenalter vergehen, ehe sich an den liturgischen Strukturen Entscheidendes änderte.»[55] Als der Historiker mir diese Geschichte über meinen Herkunftsort erzählte, spürte ich Hoffnung für die Kirche von heute. Straßer durfte zwar fortan nicht mehr die Messe in deutscher Sprache halten, aber vielleicht waren sein Mut und seine Reformideen ein Anstoß, die später in den 1960er-Jahren durch das Zweite Vatikanische Konzil Wirklichkeit wurden.

Der Weg zu einer zukunftsfähigen Kirche ist noch lang – und er wird vermutlich niemals aufhören. Denn wenn ein «Problem» behandelt ist, tauchen neue auf. Das verrät auch ein episodischer Blick in die Geschichte: Vor 700 Jahren war es für die Christ*innen wohl nicht relevant, über eine gendergerechte und inklusive Sprache zu diskutieren oder gar diese in die Tat umzusetzen. Sie hatten andere «Probleme», die sie umtrieben. So musste die katholische Welt im 14. Jahrhundert das abendländische Schisma mit zwei Päpsten durchleben und ihre unseligen Machtkämpfe aushalten. Der italienische Papst Urban VI. stand damals dem französischem Papst Clemens VII. gegenüber. Die Verwirrung über die Doppelwahl war sehr groß. Die Zeitgenossen standen ihr ratlos gegenüber. Die Folgen der Spaltung waren erschreckend: Die Christenheit zerbrach in zwei sich bekämpfende Lager – und das in einer Zeit, in der Europa durch Hungersnöte, Seuchen und Bürgerkriege schon genügend geplagt war.

Obwohl auch heute die Kirche – von schweren Krisen gebeutelt – in ihren Grundfesten erschüttert ist, möchte ich nicht aufgeben und meinen Weg fortsetzen. Denn mir liegt die Kirche am Herzen, für mich bedeutet sie Heimat. Und deshalb möchte ich dazu beitragen, dass sie auch weiterhin ein Ort bleibt, der Freude, Zuversicht und Gemeinschaft ausstrahlt. Ich weiß, dass noch sehr viel Arbeit vor den Reformern liegt, dass manch einem noch der Kragen platzen wird und noch einige Tränen vergossen werden müssen. Doch es lohnt sich, weil die Kirche Visionäre braucht, die unbequem sind und sich mit dem gegenwärtigen Ist-Zustand nicht zufriedengeben. Es lohnt sich, weil die Kirche nur wachsen und Ausstrahlungskraft haben kann, wenn sie ein Ort bleibt, der offen für alle ist. Ich möchte diese Kirche nicht aufgeben, weil sie trotz Skandalen noch genügend Gründe liefert, sie nicht zu verlassen. In der Kirchengeschichte waren es meist jene, die als unbequeme Zeitgenossen abgetan wurden, an den Rand der Kirche gedrängt oder als «Spinner» belächelt wurden. Sie alle prägten die Kirche und veränderten sie sogar nachhaltig. Wo wäre Kirche heute ohne sie? Würde es Kirche in der Form, wie sie heute ist, überhaupt noch geben? Oder wäre sie schon längst zu einer kleinen Sekte zusammengeschrumpft, die nur noch ein paar suchende, verwirrte Schafe anzieht?

Pfarrer Josef Willibald Straßer versuchte damals die Liturgie umzukrempeln. Auch heute gibt es Pfarrer und Seelsorger*innen, die immer wieder neue Wege suchen, Jesu Botschaft zeitgemäß zu verkünden. Einigen von ihnen durfte ich begegnen und sie in ihren Gemeinden analog oder im Netz besuchen.

«Ich predige, obwohl ich nicht Theologie studiert habe»

Seit einigen Jahren bin ich mit einem Priester befreundet, der seinen Pfarreimitgliedern viel zutraut, sie fordert und fördert. Getreu der kirchlichen Lehre, dass alle Getauften zum priesterlichen, königlichen und prophetischen Amt Christi gehören, sucht er nach Talenten. Und wenn er diese bei seinen Gemeindemitgliedern findet, fragt er sie, ob sie sich in der Pfarrei einsetzen möchten. Inzwischen hat er einen kleinen Kreis von Frauen und Männern gebildet, die regelmäßig im Gottesdienst tätig sind. Und zwar nicht nur als Lektor*innen und Kommunionhelfer*innen. Manche der Gemeindemitglieder schreiben und sprechen das Tagesgebet selbst. Andere halten die Predigt. «Ich predige, obwohl ich nicht Theologie studiert habe», sagte mir ein Familienvater aus der Gemeinde stolz, als ich dort zu Besuch war. Und er erzählte: «Zu Beginn half uns der Priester, setzte sich mit uns zusammen und besprach die einzelnen Elemente des Gottesdienstes. Um uns ein tieferes Liturgieverständnis zu vermitteln, organisierte er Wochenendkurse, zu denen er Professor*innen der Pastoraltheologie und Liturgiewissenschaften einlud, welche uns Lai*innen theologisch schulten.» Das Angebot wurde gut angenommen. Der Pfarrer ist stolz, dass er solch eine lebendige Pfarrei hat. «Warum soll nur ich predigen? Nach 30 Jahren habe ich vermutlich schon alles gesagt. Ihre Worte und ihre Glaubenszeugnisse bringen einen anderen Blickwinkel, eine neue Perspektive hinein, die ich gar nicht bieten kann. Auch behandeln sie andere Alltagsprobleme, die ich gar nicht kenne, etwa die Schwierigkeiten der Ehe oder der Kindererziehung. Sie füllen mit ihrer Lebenserfahrung meine Lücken», erklärt der Priester freudig. So werde das Evangelium nicht nur eindimensional weitergegeben, sondern facettenreich. Sein mutiger Einsatz für mehr Lai*innen-Beteiligung im Gottesdienst hat sich gelohnt. Die Sonntagsmessen sind sehr gut besucht, das Publikum bunt gemischt, von der jungen Familie über Jugendliche bis hin zu den älteren «Stammgästen». Es ist eine lebendige Gemeinde geworden, in der die Charismen und Talente erkannt und gefördert werden. Und ich finde es bemerkenswert, dass vor allem der Priester die Einstellung teilt, dass nicht nur er etwas zu sagen hat, einfach nur, weil er geweiht ist oder Theologie studiert hat.

Sein Ziel ist es, seine Gemeindemitglieder zu «emanzipieren» und aus dem Dasein des passiven, bloß konsumierenden Christen zu holen. «Ich möchte nicht eine One-Man-Show im Gottesdienst abliefern. Ich möchte doch mit den Menschen zusammen feiern.» Das ist auch der Grund, warum er viele Menschen in den Altarraum holt, die den Gottesdienst vielfältig machen und zeigen, dass nicht nur der Priester Gottesdienst feiern kann. So etwa trägt die Pfarrsekretärin das Tagesgebet vor, das sie selbst geschrieben hat. Der verheiratete Familienvater spricht das Kyrie, eine junge Geflüchtete spricht eine Fürbitte auf Syrisch, dann vorsichtig auf Deutsch, und eine andere Frau aus der Gemeinde hält die Predigt. Der Pfarrer ging immer einen Schritt weiter, bildete die engagierten Mitchristen immer mehr aus, sodass sie sich schließlich auch ans Hochgebet wagten. «Anfangs haben sie sich gar nicht getraut, auch nur einen Satz daraus vorzulesen», sagt er mir, während wir über den Pfarrhof gehen. Mit der Zeit und durch Ermutigungen durch den Priester getrauten sie sich, einige Sätze vorzulesen. «Natürlich nie die Einsetzungsworte», betont er. Im Gespräch mit Pfarreimitgliedern höre ich immer wieder, dass sie es schätzen, zum einen solch eine visuelle und sprachliche Vielfalt im Gottesdienst erleben zu dürfen. Aber auch, dass sie – wenn sie das Bedürfnis haben, auch im Gottesdienst aktiv zu werden – sich ohne Scheu beim Pfarrer melden können. In der Nachbarpfarrei beispielsweise hatte eine kleine Gruppe von Frauen das Bedürfnis nach Frauengottesdiensten. «Diese gestalten sie ganz allein und eigenständig», sagt der Pfarrer stolz. Ab und zu geht er bei ihnen vorbei, um sie zu ermutigen, weiterhin die Gottesdienste zu feiern. «Ich sage dann aber nichts. Ich bin stiller Mitfeiernder. Passiv. Und genieße einfach, wie wunderbar die Frauen die Bibelstellen besprechen und wie sie – wie schon Jesus – im kleinen Kreis gemeinsam Brot brechen und Wein oder Traubensaft trinken.» Auch ich durfte bei solch einem Frauengottesdienst schon dabei sein. Zusammen mit etwa acht Frauen saß ich im Seitenschiff vor dem Marienaltar auf einem Klappstuhl. Ich war begeistert, mit welcher Liebe die Frauen diesen Gottesdienst feierten. «Wir brauchen keinen Priester», sagte eine der Frauen zu mir. «Aber das können wir nur sagen, weil unser Priester uns so viel Freiraum lässt und uns sogar darin bestärkt.» Der Pfarrer nickte kräftig.

Obwohl der Priester sich vorgenommen hat, bis zu seinem Tod oder zumindest so lange, wie es sein gesundheitlicher Zustand erlaubt, der Pfarrei treu zu bleiben, musste er sich vor ein paar Jahren dennoch eingestehen, dass er nicht mehr der Jüngste ist. «Wie soll es mit der Pfarrei weitergehen, wenn ich nicht mehr da bin?», fragt er sich ständig. Da auch bei ihm im Bistum Priestermangel herrscht, muss er damit rechnen, dass seine Pfarrei entweder keinen Priester mehr bekommt oder zu einer XXL-Pfarrei zusammengelegt wird. «Ich möchte, dass sie ihren Glauben und das kirchliche Leben auch ohne Priester feiern können. Ich möchte nicht, dass die Gemeinde zerbricht.» Sein Ziel ist es, seine Gemeindemitglieder theologisch so zu schulen und sie zu ermutigen, eine aktive Rolle im Gottesdienst zu spielen, dass sie nach seinem Tod selbstständig die Pfarrei in die Zukunft führen können. Ich würde mir wünschen – gerade mit Blick auf den Priestermangel –, dass die Talente und Begabungen von Christ*innen noch mehr erkannt und auch im Pfarreileben eingesetzt werden. Denn ohne engagierte Christ*innen vor Ort werden die Pfarreien in den nächsten Jahren völlig verwaisen – mit oder ohne Priester.

In Zeiten, in denen immer weniger Menschen die Kirche besuchen und immer weniger Priester geweiht werden, ist es umso wichtiger, jene, denen die Kirche noch am Herzen liegt, zu integrieren und zu motivieren, sich in irgendeiner Form in der Pfarrei zu engagieren. Ich bin mir sicher, dass es da draußen ganz viele wunderbare Ideen gibt, wie der Glaube gelebt und weitergetragen werden kann. Nicht nur Theolog*innen können das Evangelium verkünden und glaubhaft weitergeben. Jede*r ist dazu aufgerufen, Kirche zu gestalten. Denn letztlich waren es immer die Christ*innen vor Ort, die Kirche geprägt und für die nächsten Generationen mit Leben erfüllt haben. Natürlich ist damit auch immer ein Ablösungsprozess verbunden. So wie sich Teenager von ihren Eltern abgrenzen und gewisse Dinge ablegen, so ist es auch in der Kirche: Kommende Generationen werden immer versuchen, alte Zöpfe abzuschneiden. Denn eine Kirche, die gehört werden möchte, muss immer auch in der Zeit mit den Menschen leben.

Derzeit befindet sich die katholische Kirche im deutschsprachigen Raum in einem Ablösungsprozess. Die nächsten Jahre werden entscheidend sein für ihr Überleben. So braucht es bereits jetzt den Einsatz aller: Kreativität und angstbefreites Handeln der Basis und Mut der Geweihten, Veränderungsprozesse anzustoßen und umzusetzen.

«So muss Gottesdienst sein»

Einen anderen, aber ebenfalls bereichernden Frauengottesdienst durfte ich vor einiger Zeit in der Schweiz erleben. Die Pastoralreferentin und eine Ehrenamtliche hatten mich eingeladen. Regelmäßig veranstalten die beiden einen Gottesdienst für Frauen – jedes Mal unter einem anderen Motto. Beim Gottesdienst «Mach dein Licht an!» fragten sie mich, ob ich den Gottesdienst halten und predigen würde. Neben dem herkömmlichen Ablauf sollten auch Teile enthalten sein, die in einer klassischen Liturgie eher selten Platz finden. So entschlossen wir uns, das Licht in der Kirche zu Beginn des Gottesdienstes zu löschen und in der halbdunklen Kirche mit einem kleinen Dialog zwischen der Haupt- und der Ehrenamtlichen zu beginnen. Eine der Frauen ist eine begnadete Pianistin. Sie begleitete den Gottesdienst musikalisch und verzückte mit ihrem Spiel so manchen. Für den Eingangsdialog setzte sie sich ans Klavier und zündete eine kleine Lampe an. Schnell machte die Pastoralreferentin eine zweite Lampe an. «Jetzt kannst du beginnen, Licht an für dich.» Sie kamen über Lampenfieber und Selbstzweifel ins Gespräch. «Ich bin überhaupt nicht so überzeugt von mir», sagte die Pianistin. «Ich frage mich immer, was die anderen wohl über mich denken», gab sie zu. Schnell wurde die Überleitung geschaffen und darauf eingegangen, dass das eigene Licht viel zu oft unter den Scheffel gestellt wird. Besonders Frauen neigen dazu. Und dann wurden die anwesenden Frauen befragt, die vor Beginn des Gottesdienstes eine kleine Taschenlampe erhalten hatten. Immer wenn etwas zutraf, sollten sie ihre Lampe anzünden und die Kirchendecke anleuchten. So wurden Fragen gestellt wie «Wer von euch kann Socken stricken?» – Meine Lampe blieb aus. «Wer von euch hat eine Führungsfunktion inne und viele Mitarbeiter*innen unter sich?» – Meine Lampe blieb wieder aus, nur ein paar vereinzelte Lichter brannten, die aber sogleich einen kleinen Applaus ernteten. «Wer von euch könnte spontan zehn großartige Eigenschaften von sich erzählen?» Ich wagte mich, meine Lampe anzuzünden, und war eine der wenigen.

Bei meiner Predigt war es mir wichtig, den Frauen Mut zu machen, zu ihren Talenten und Fähigkeiten zu stehen. Sie sollten sich in Zukunft nicht mehr so oft klein machen. Und vor allem sollten sie am Ende des Gottesdienstes die Kirche mit ihren kleinen Lampen zum Leuchten bringen. Als wir dann fragten: «Wer von euch hatte schon mal eine gute Idee im Verein, im Beruf, in der Familie oder im Freundeskreis?», «Wer von euch Frauen hat schon mal gemerkt, dass es auf sie selbst ankommt?» oder «Wer von euch hat schon mal in seinem Leben eine wichtige Entscheidung getroffen und gemerkt: Es ist gut so?», gingen alle Lichter an und die Kirchendecke war plötzlich von den Taschenlampen der Frauen im hellsten Licht erleuchtet. Keine der Teilnehmerinnen musste mehr ihre Talente und Fähigkeiten verstecken. Jede merkte, dass sie auf ihre Art und Weise Großartiges leistet. Am Ende durften die Frauen die Taschenlampen mit nach Hause nehmen. Sie sollten sie immer wieder daran erinnern, dass sie ihr Licht nicht unter den Scheffel stellen müssen.

Eine Frau, die wenige Stunden zuvor auf meinem Instagram-Kanal gesehen hatte, dass ich nur ein paar Kilometer von ihrem Heimatort einen Gottesdienst feiern werde, hatte sich spontan auf den Weg gemacht und schrieb mir noch am selben Abend: «So muss Gottesdienst sein.» Seit Langem suche sie nach Gottesdiensten, die sie als Frau berühren und in ihrer Lebenswirklichkeit abholen. «Ich habe mich total über diesen kreativen und stimmigen Gottesdienst gefreut», ließ sie mich wissen. Obwohl ich mich am Ablauf der klassischen Liturgie orientierte, empfand sie diese Form von Gottesdienst als sehr ansprechend. «In dieser Stunde konnte ich einiges für meine momentane Lebenssituation mitnehmen. Ich habe mich als Frau so angesprochen und verstanden gefühlt.» Das vermisse sie in einem klassischen Gottesdienst manchmal, da dort zu wenig lebensnah gepredigt werde.

Die Online-Begegnung mit der Frau zeigte mir, dass es viel mehr solcher kreativen Gottesdienste braucht, die ganz bestimmte Zielgruppen ansprechen. Genau das war das Anliegen der zwei Frauen aus der Pfarrei: Sie haben sich im Vorfeld viele Gedanken gemacht, was ihre Frauen aus der Pfarrei brauchen, wie sie «ticken» und welche Themen sie gerade umtreiben. Bei gewissen Vorschlägen, die ich im Vorfeld bei unserem Planungsgespräch machte, sagten sie mir gleich: «Da machen unsere Frauen nicht mit» oder «Das ist eher mal was für unsere Jugendlichen». Ich finde es großartig, dass sie die Menschen in ihrer Pfarrei so gut kennen – denn schließlich geht es ja nicht um jene, welche die Liturgie gestalten, sondern wichtig sind die Menschen, die daran teilnehmen. Sie sollen nach dem gemeinsamen Feiern die Kirche mit einem guten Gefühl verlassen und spüren, dass Gott mitten in ihrem Leben ist.

Ich habe gemerkt, dass solche spezifischen Gottesdienste im Vorfeld zwar mehr Vorbereitung bedürfen, aber den Menschen viel Freude schenken. Denn sie sitzen dann nicht einfach nur eine Stunde in der Kirche ab und haben auf dem Heimweg den Inhalt des Evangeliums oder der Predigt bereits wieder vergessen. Bei gut vorbereiteten und durchdachten Gottesdiensten bleiben die Worte im Gedächtnis haften und können den Menschen auch über den Kirchenbesuch hinaus auf ihrem Lebensweg weiterhelfen und sie bereichern. Durch Kreativ-Labore in der Kirche kann das Evangelium weiterhin lebendig gefeiert und zu den Menschen gebracht werden. Und genau das ist ja das Ziel der christlichen Botschaft.

Die Zukunft der kirchlichen Liturgie liegt weniger im klassischen Sonntagsgottesdienst, als vielmehr in einer neuen kreativen Vermittlung des Glaubens. Das Schöne an der klassischen Liturgie ist ja, dass man diese nur mit wenigen Elementen erweitern kann, und schon wirkt das Ganze viel lockerer, obwohl alle Elemente eines normalen Sonntagsgottesdienstes enthalten sind. So lohnt es sich, bei der Gestaltung des Gottesdienstes hin und wieder mal neue Wege zu gehen.

Neue Kirchenräume

Ebenso wichtig ist es, auch außerhalb von Eucharistie-feiern neue Gottesdienstformen zu finden, wie das Evangelium zu den Menschen gebracht werden kann – insbesondere auch zu jenen, die der Kirche inzwischen ferner stehen. In vielen Pfarreien gibt es großartige Angebote und Menschen, die sich gute Gedanken dazu machen. «Unsere Sonntagsgottesdienstbesucher*innen muss ich ja nicht mehr von der Kirche und vom Glauben überzeugen», sagte einmal ein Pastoralreferent zu mir, als wir uns über verschiedene Gottesdienstformen austauschten. «Sie halten unsere Pfarrei ja bereits lebendig. Doch ich möchte auch jene ansprechen, die sich von der Kirche distanziert haben und höchstens noch an Weihnachten in die Kirche kommen.» Diese Menschen haben – auch ohne in die Kirche zu gehen – einen Glauben, der bestärkt und vertieft werden möchte. Sein Pfarreiteam hat sich deshalb viele Gedanken gemacht, wie sie diese Menschen ansprechen können. «Wir können ja schlecht an ihrer Haustüre klingeln.» So entschlossen sich die Hauptamtlichen, Kirche dorthin zu bringen, wo sich die Menschen aufhalten. In der Adventszeit war das der Weihnachtsmarkt. Die Pfarreiverantwortlichen mieteten sich einen Stand, und Ehrenamtliche wechselten sich ab, am Stand präsent zu sein und Auskunft zu erteilen. Sie verschenkten Sterne und boten den Weihnachtsmarktbesucher*innen an, vis-à-vis kurz die Kirche zu besuchen. Dort konnten sie den Weihnachtsstern mit einem Wunsch versehen und ihn anschließend an den großen Tannenbaum im Altarraum hängen. «Es gingen so viele Menschen in die Kirche», erzählte der Pastoralreferent mit leuchtenden Augen. «Es war großartig und auch die vielen Gespräche, die ich führen durfte, waren sehr bereichernd.» Personen, die normalerweise kaum oder nie in die Kirche gingen, standen nun vor dem großen Weihnachtsbaum, lasen Wünsche von anderen durch und hängten ihren Wunsch-Stern dazu. Sie setzten sich in die Bänke, hielten einen Moment Stille oder sprachen kurz mit den Haupt- und Ehrenamtlichen, die bei der Weihnachtsmarkt-Aktion mitmachten. Schon das war «Gottesdienst». Alle, die in die Kirche kamen, erhielten einen kleinen Flyer beim Ausgang. Die Gottesdienstzeiten für die Weihnachtstage waren darauf angegeben und sollten die Besucher*innen animieren, bald wieder diese Kirche zu betreten. «Und es hat gewirkt», berichtete der Pastoralreferent stolz. «An Weihnachten habe ich ein paar neue Gesichter gesehen. Und das Schönste war, dass sie ihre Familien mitbrachten und nach dem Gottesdienst ganz stolz ihren Liebsten den Stern, den sie beim Weihnachtsmarkt beschriftet hatten, zeigten.» Für das Pfarreiteam und die Ehrenamtlichen war diese Aktion ein voller Erfolg. Denn das Ziel war es, sich als offene Kirche zu zeigen. Eine Kirche, die ansprechbar und für die Menschen da ist. «Dass manche von diesen dann wenig später auch noch einen Gottesdienst besucht haben, war ein positiver Nebeneffekt.» Kirche muss dort präsent sein, wo sich die Menschen aufhalten.

Als er in der Pfarrei begann, spürte er schnell, dass es ohne Ehrenamtliche nicht geht. Doch er merkte auch, dass das Ehrenamt sich in der Kirche verändert hat. Menschen für ein langfristiges und regelmäßiges Engagement zu begeistern, ist zunehmend schwieriger. Besonders auch unter jungen Menschen, die durch Beruf, Hobbies und Familie stark eingebunden sind. «Ehrenamt bedeutet für mich auch, wenn man nur bei einer Aktion, die etwa einen Tag dauert – so wie der Weihnachtsmarktstand – dabei ist.» Gemeinsam mit seinem Team überlegt er sich, welche Projekte Menschen in und um die Pfarrei herum ansprechen könnten. «Out-of-the-Box-Denken ist dabei ganz wichtig. Denn mit den klassischen Aktionen in der Pfarrei, die sich über Jahrzehnte bewährt haben, sprechen wir immer nur dieselbe Zielgruppe an, die leider aufgrund des Alters immer kleiner wird.» Dem Pastoralreferenten geht es nicht darum, potenzielle Ehrenamtliche auf viele und lange Aufgaben «festzunageln», sondern vielmehr die Talente und Fähigkeiten der Menschen vor Ort zu fördern und sie in die Pfarreiarbeit – wenn auch nur temporär – einzubinden. «Menschen, die bereit sind, mal bei einem Projekt mitzumachen, erzählen das weiter. Ihr Umfeld bekommt dadurch ein anderes Bild von Kirche», sagte der Pastoralreferent. Im Gottesdienst machen die Hauptamtlichen dann auch Werbung für ihre Projekte und erinnern die Besucher*innen an künftige Aktionen und ermutigen sie, ihre eigenen Ideen einzubringen.

«Wir können Menschen für kirchliche Projekte begeistern, die nicht unbedingt sonntags in die Kirche kommen», sagte mir der Pastoralreferent. «Wir bringen durch die Menschen die Kirche zu anderen Menschen.» Bei diesem Gesprächsabend werden inspirierende Menschen aus Politik, Wirtschaft, Sport, Kultur, Kunst, Kirche, gemeindlichem und sozialem Leben eingeladen. Etwa eine Politikerin, eine Fernsehmoderatorin, ein Wissenschaftler, eine Spitzensportlerin oder ein Manager. Sie sind die Special Guests der Abende, für die man sich als Gastgeber*in bewerben kann. Jene, welche die Zusage erhielten und zu Gastgeber*innen ernannt wurden, öffnen ihre Häuser für die bekannte Persönlichkeit und dürfen noch acht bis zwölf Freunde, Nachbarn, Bekannte, Verwandte einladen. Das Gespräch wird von jemandem aus der Pfarrei moderiert und dauert zwei bis zweieinhalb Stunden.

Die Idee dieser Wohnzimmer-Gespräche ist es, unterschiedliche Menschen zu einem tiefgründigen Austausch zusammenzubringen, Horizonte zu erweitern, sich gegenseitig zu inspirieren und dabei auch über Gott zu sprechen. Und das in einem Setting, das so ganz anders ist als ein klassischer Gottesdienst oder ein Vortragsabend im Pfarrsaal. Das Projekt wurde in der Pfarrei gut aufgenommen – auch von Menschen, die mit der Kirche nicht mehr so viel am Hut haben. «Sie schätzen es, dass wir nicht nur klassisches Kirchen-Programm bieten, sondern auch etwas mehr als gewöhnlich, was herausgelöst ist aus dem altbekannten Pfarreiangebot.» Ebenso ist es der Kreativ-Gruppe ein Anliegen, dass sich die Kontakte zwischen Nachbar*innen, Freund*innen und Bekannten durch diese Wohnzimmer-Treffen vertiefen. «Die ersten Christ*innen haben sich ja auch zum Gottesdienst in Privathäusern getroffen und sich über den Glauben ausgetauscht», sage ich.[56] «Solche Treffen können etwas anstoßen.» «Wir als Kirche sind ja viel mehr als nur Dienstleister für Gottesdienste, Sakramente und Rituale. Wir wollen einen ehrlichen und auch kritischen Dialog eröffnen, der Menschen guttut und verbindet», betont der Pastoralreferent.

Kirche und kirchliche Arbeit muss kreativer werden. Wer es wagt, unbekannte Wege zu gehen und Neues auszuprobieren, erweitert nicht nur seinen eigenen Horizont, sondern erreicht damit auch Menschen, die vielleicht aus dem eigenen Blick geraten sind. Wenn man als Hauptamtliche alles allein machen möchte, bleibt der Horizont beschränkt. Und so bleibt man schnell im alten Trott stecken. Die Pfarrei der Zukunft besteht jedoch aus vielen Menschen, die ihre unterschiedlichsten Talente einbringen – und das teilweise auch nur temporär. Thomas von Mitschke-Collande, Mitglied im Zentralkomitee der deutschen Katholiken, schrieb: «Sollen Gläubige für ein Engagement in der Kirche gewonnen werden, müssen wir akzeptieren, dass es eine innerkirchliche Pluralität gibt, müssen wir Freiräume gewähren, Konflikte und Meinungsdifferenzen aushalten.»[57]

Wer mit Menschen auf Augenhöhe Kontakt haben und in Kontakt kommen möchte, muss wissen, was sie beschäftigt. Ich habe einmal einen Pfarrer kennengelernt, der jede seiner Predigten mit einem Zitat aus der Zeitung begonnen hat. Er stand mit der Tageszeitung oder einem Zeitungsartikel aus den vergangenen Tagen in der Hand am Ambo und ließ immer den Bezug zum Jetzt in seine Predigt einfließen.[58] Er verwob das, was momentan in der Welt geschah, mit dem, was das Evangelium vor 2000 Jahren sagte. Mein Religionslehrer sagte bereits in der Oberstufe immer: «Ihr müsst die Tagesschau sehen – und zwar jeden Abend. Und fangt endlich an, Zeitung zu lesen. Christ*innen müssen informiert sein, was in der Welt passiert, denn sonst laufen sie an der Realität vorbei und können das Evangelium nicht verkünden.» Natürlich unterscheidet die Kirche sich von der Welt, doch es wäre bestimmt nicht falsch, schon im Theologiestudium den künftigen Seelsorger*innen ans Herz zu legen, regelmäßig Zeitung zu lesen und Nachrichten zu hören oder zu schauen und vor allem zu den Menschen zu gehen, auch zu denjenigen, die nicht zum direkten Umfeld gehören und die man eh regelmäßig trifft. Wer nicht weiß, wofür Menschen sich interessieren und wie die breite Bevölkerung «tickt», hat es umso schwerer, viele zu erreichen.

Lai*innen leiten Pfarreien

Ein Bekannter von mir ist Hochschulseelsorger. Wir trafen uns nach langer Zeit mal wieder in einem Café und er erzählte mir ausführlich vom Bischof von Poitiers in Frankreich, dem er bei einem Auslandsaufenthalt begegnet ist und dessen Pfarreimodell er kennenlernen durfte. Es knüpft quasi an die Erfahrungen des Priesters an, der seine Gemeindemitglieder befähigt, aktiv am Pfarreileben mitzuwirken, und führt es einen Schritt weiter: «In der Schweiz ist ja in den Gemeinden schon viel möglich», setzte mein Bekannter an und wollte damit verdeutlichen, dass hier Pastoralreferent*innen auch bereits Gemeinden leiten können. So werden Seelsorger*innen in der Schweiz auch von ihren Bischöfen beauftragt, Wortgottesdienste zu feiern, Kinder zu taufen, Ehen zu schließen und Begräbnisse zu leiten.

Wir unterhielten uns darüber, dass der akute Weihe-
mangel in zahlreichen Ländern Europas dazu führt, dass
Pfarreien immer mehr zusammengelegt oder Kirchen
geschlossen werden. Wenn kirchliches Leben nur durch
Priester gewährleistet wird, führt dies früher oder später
dazu, dass der christliche Glaube verdunstet und gar völlig verschwindet. Die Conclusio ist einfach: Sind weniger
Priester vorhanden, gibt es weniger Pfarrgemeinden.

Der katholische Theologe und Journalist Christian Mo-
dehn pointiert es in einem Beitrag über das Bistum Tul-
le in Frankreich: «Der Klerus selbst erzeugt eine gewisse
Entchristlichung der Gesellschaft. Noch mal zugespitzt:
Die Kirche betreibt die Säkularisierung.»[59] Es lässt sich
ein systemisches Problem ausmachen: Der Klerus verfügt
über institutionelle und spirituelle Macht und ein Großteil möchte diese – selbst in der Krise – nicht teilen. Lieber
riskiert er, dass in den nächsten zehn bis zwanzig Jahren
noch mehr Pfarreien verwaisen und Menschen sich von
der Kirche entfernen. Statt Priester aus dem Ausland zu
beziehen, die oftmals weder die Sprache noch die hiesige
Kultur verstehen, gäbe es eine viel einfachere Möglichkeit,
dem Pfarreisterben entgegenzuwirken: Lai*innen ausbil-
den!

«In Frankreich hat genau das ein mutiger Bischof einfach getan», erzählt mir der Seelsorger. Albert Rouet
(*1936)[60] war von 1994 bis 2002 Bischof und von 2002
bis 2011 Erzbischof in Poitiers. Er erkannte, dass die Spiritualität und das kirchliche Leben vor Ort nur erhalten

werden können, wenn Abschied genommen wird von einer Kleriker-Kirche und neue Modelle entwickelt werden, die den Lai*innen Verantwortung übertragen. So entwickelte der Erzbischof das Programm *Laien leiten Gemeinden* und *Laien leiten Sonntagsgottesdienste mit Kommunionempfang*. Durch pastorale Sektoren sollten auch die kleinen Gemeinden auf dem Land erhalten bleiben. Die Kirche konnte so sprichwörtlich «im Dorf» bleiben.[61]

«Der Erzbischof wollte nicht, dass aufgrund des akuten Priestermangels die Pfarreien ihre Eigenständigkeit verlieren», berichtete mir mein Bekannter, während wir inzwischen gemütlich eine Tasse Tee tranken. Nach zwei Diözesansynoden wurde 2003 beschlossen, die Basis kirchlichen Lebens neu zu gestalten und besonderen Wert auf die Vitalität der Gemeinden vor Ort zu legen. Lai*innen wurden fortan gefördert und ausgebildet, damit sie selbstständig Verantwortung in ihrer Kirche übernehmen können. Wie schon in Lateinamerika, Asien oder Afrika in vielen Bistümern Basisgemeinden oder Kleine Christliche Gemeinschaften seit den 1960er-Jahren bekannt sind, wurden im Bistum Poitiers aus den Pfarreien *Communautés locales* («örtliche Gemeinden») gebildet. Ein Team von jeweils fünf Laie*innen übernahm die Verantwortung in der Gemeinde. Zwei wurden für die Koordination und die Finanzen gewählt, drei weitere Männer und Frauen wurden von der Bistumskommission ernannt und waren zuständig für Liturgie, Caritas und Katechese. Die Amtszeit betrug drei Jahre, die jeweils einmal verlängert werden konnte. Dadurch sollte ein möglichst breiter Kreis von Mitchrist*innen die Chance haben, Verantwortung zu übernehmen und das Pfarreileben aktiv mitzugestalten. Die fünf Gemeindeleiter*innen wurden dann auch ganz offiziell vom Bischof entsandt, da sie ein anerkanntes Dienstamt ausübten.

Die Gemeindeleitung durch Gemeindemitglieder führte zu einer neuen Belebung der Kirche vor Ort: Gesprächskreise entwickelten sich, Kinder interessierten sich für Religion, und karitative Hilfen entstanden. «Stell dir vor», redete sich mein Bekannter vor Begeisterung in Rage, «selbst Kirchendistanzierte interessierten sich wieder mehr für die Kirche und schlossen sich sogar dem Leitungsteam an.» Auch ich war sofort von diesem Modell überzeugt. Selbst Wortgottesdienste feierten die gewählten und berufenen Gemeindeleiter*innen Sonntag für Sonntag. Der Priester, der selbst nicht vor Ort lebte, kümmerte sich um die Fortbildung der Basisgemeinde, kam alle zwei bis drei Wochen für die Eucharistiefeier, war jederzeit als Seelsorger ansprechbar und unterstützte die Gemeinde spirituell und organisatorisch.

Die Bistumsleitung verfolgte das Ziel, dass die Gemeinden durch das starke kirchliche Engagement ehrenamtlicher Menschen nicht nur wachsen, sondern auch selbstbewusster und missionarischer werden. Denn: Durch die Menschen vor Ort wurde eine Nähe hergestellt, die ein Priester und ein Seelsorgeteam in einer XXL-Pfarrei niemals leisten können. Zudem schafften es die Ehrenamtlichen, das kirchliche Leben im Lichte des Evangeliums vor Ort neu aufblühen zu lassen. Das machte den Dialog zwischen den Gläubigen lebendig. «Leider wurde die starke Mitwirkung der Lai*innen in der Pfarrei wieder abgebaut», sagte mein Bekannter mit trauriger Stimme. Der seit 2012 amtierende Erzbischof Pascal Wintzer pflegt lieber das Kleriker-Modell. Ich schüttelte entsetzt den Kopf.

«Wenn wir hierzulande so etwas auf die Beine stellen könnten, wäre es wunderbar. Ich glaube fest dran, dass dann wieder mehr Menschen in die Kirche gehen würden, eben weil jeder sich einbringen könnte und eine Stimme hätte», sagte der Hochschulseelsorger. Ich stimmte ihm zu und ergänzte, dass solch ein Modell doch im Grunde genommen ein Segen für die Bischöfe sei. Denn dann müssten sie sich weniger Sorgen um die Zukunft der Pfarreien machen und nicht krampfhaft nach Priestern im Ausland suchen. In vielen Ländern[62] sind es schon heute Lai*innen, die die Kirche am Leben erhalten. Ihr Beispiel ermutigt auch hierzulande, neue Wege zu finden und die Zukunft der Gemeinde zu sichern.

Partizipation treibt die Menschen an. Ich bin mir sicher, dass es in den Gemeinden viele gute Ideen gibt, die bislang noch nicht umgesetzt wurden, weil Gemeindemitglieder glauben, dass nur der Priester oder die Seelsorgenden Kirche gestalten können. Doch: Gerade der Einsatz vieler unterschiedlicher Personen, die ihre verschiedenen Erfahrungswelten mit einbringen, bereichert die Kirche. So werden «Orte» geschaffen, die ein breites Publikum ansprechen. Ich stelle mir eine solche Pfarrei wie einen großen Jahrmarkt vor: Die einen erfreuen sich an den Süßigkeiten, die anderen fahren lieber Riesenrad oder Autoscooter. Wieder andere versuchen es beim Ziehen von Glückslosen oder dem Werfen von Dosen. Auf einer Kirmes ist für jeden etwas dabei – für Jung und Alt und für alle kulinarischen Vorlieben. Doch: Würden im nächsten Jahr auf dem Rummel nur noch Zuckerwatte und einzig die Geisterbahn angeboten werden, würden viele wieder enttäuscht nach Hause gehen. Für sie ist nichts dabei. Im nächsten Jahr werden sie womöglich erst gar nicht mehr den Weg zum Rummel antreten.

Ich denke, die Angebote der Kirche sollten gut bedacht und vielfältig sein, um unterschiedliche Menschen heute ansprechen zu können. Dabei geht es nicht darum, einen Event nach dem andern abzuhalten. Vielmehr sollte immer wieder neu gefragt werden, was Menschen brauchen, um ihre Spiritualität oder Gemeinschaft leben zu können.

Da ein Priester oder ein Seelsorgeteam nicht alle Angebote selbst leiten kann, ist es umso wichtiger, Menschen vor Ort einzubinden und ihnen auch die Freiheit und Ressourcen zu geben, *ihre* Kirche zu gestalten. Ich sehe die aktive Mitarbeit von gläubigen Menschen in der Kirche als Modell für die Zukunft. Ohne Menschen mit innerem Feuer gibt es keine kirchliche Zukunft. Das Gemeindemodell von Bischof Albert Rouet erfordert Mut und zunächst einmal viel Arbeit. Langfristig befähigt es die Menschen aber, ihre Kirche aufzubauen und lebendig zu halten.[63]

Digitale Kirchen-Macher

Viele Kirchenverantwortliche haben noch zu wenig reali-
siert, dass junge (und auch ältere) Menschen durchaus Interesse an Kirche und Glauben haben, aber andere Räume
dafür aufsuchen, nämlich das Internet.[64] So sagte mir mal
eine Studentin: «Meine Kirche finde ich nicht in einem
Gebäude am Sonntag.» Dass religiöse Bildung immer
weniger wird und den Menschen kirchliche Begriffe und
christliche Glaubensmotive immer fremder werden, darf
aber kein Hindernis dafür sein, den christlichen Glauben
weiter zu verkünden. Hier bedarf es einer neuen Sprache,
um die überlieferten Glaubensinhalte wieder bedeutsam
und vor allem fassbar zu machen. Und im Netz finden
sich viele Christ*innen, die genau das in Angriff nehmen
und offen über Gott sprechen.

Kurz: Kirche muss noch digitaler werden! Aber auch
hier gilt es zu differenzieren. In der Corona-Krise wurden in meinem Christ*innen-Umfeld die Tausenden von
Livestreams mit einem Priester, der allein in einer Kirche
Eucharistie feiert, stark kritisiert. «Da wird das patriar-
chale System noch extremer zelebriert. So, als ob es ohne
deren Hände nicht gehen würde. Ganz ehrlich, diese
Selbstdarstellung der Priester braucht es nicht im Netz»,
meinte ein befreundeter Theologe, der in der Coronazeit
verstärkt überlegte, welche Angebote im Netz wirklich
ansprechend sind. «Christlicher Content soll doch eine
Nahrung für die Seelen sein und nicht einfach nur ein

Herunterrattern von alten Texten, die keiner mehr versteht.» Klar ist: Nicht jeder sollte sich einen Youtube-Kanal anlegen. Jene, die offen über ihren Glauben berichten, dabei keine ausschließende Theologie betreiben und auch noch in einer verständlichen Sprache sprechen, tragen zum modernen Image einer offenen Kirche bei – und zwar sowohl der evangelischen als auch der katholischen Kirche.

Auf Social Media spielt die Konfession weniger eine Rolle. Man folgt dem evangelischen Pfarrer und likt seine Beiträge genauso wie die der katholischen Pastoralreferentin. Man sucht sich das, was den eigenen Glauben und das Leben bereichert. Das heißt aber nicht, dass die User*innen sich nicht mehr als katholisch fühlen, nur weil sie lieber der Online-Predigt einer evangelischen Pfarrerin statt eines katholischen Priesters lauschen. Social Media ist ökumenisch. Im Netz werden die Unterschiede zwischen den Konfessionen weniger zelebriert, sondern einfach Glauben und Evangelium gelebt. Ich selbst folge vielen evangelischen Theolog*innen und lass mich von ihrem Glaubensschatz und ihrem Wissenshorizont bereichern. Dort werden oft Themen besprochen, die in einem klassischen Gottesdienst kaum Platz finden, etwa, wie die Pfarrerin nach drei Fehlgeburten dennoch wieder Kraft gefunden hat, sich auf eine weitere Schwangerschaft einzulassen. Oder eine andere Pfarrerin, die in einer Instagram-Andacht mit anderen Frauen und Männern für verstorbene Kinder betet.

Dann gibt es das evangelische lesbische Pfarrerinnen-
paar, das die Menschen in ihren Youtube-Videos mit in
ihren Alltag nimmt und voller Humor und Witz über
sämtliche Themen spricht. So diskutieren die beiden etwa,
wie man in elf Schritten zur Vorzeige-Christin wird, erzählen von ihrem Outing oder besuchen zusammen einen
Drive-in-Gottesdienst bei den Katholiken. Und Katholik*innen können dabei noch etwas lernen, da eine der
evangelischen Pfarrerinnen aus einer katholischen Familie
stammt und ihr verblüffendes Wissen den Zuschauer*innen einfach und gefühlvoll vermittelt. *«Anders Amen»* hat
auf Youtube bereits 24 000 Abonnenten. Von solch einer
Zahl Sonntagsbesucher können die meisten Seelsorgenden nur träumen. Seelsorgende im Netz erreichen nicht
nur enorm viele Menschen, sondern tragen auch maßgeb-
lich dazu bei, dass Kirche als positiv und weltoffen wahrgenommen wird. Die queeren Pfarrerinnen schaffen es
auf wunderbare Art und Weise, Menschen, die vermutlich
schon lange keine Kirche mehr von innen gesehen haben,
kirchlich zu bilden und ihnen in ihrer Glaubensfindung
beizustehen.

Auf Spotify sprechen zwei Katholik*innen regelmäßig
in ihrem Podcast *Deepshittalk* «bei einem digitalen Lager-
feuerabend» über die großen Fragen des Lebens. Sie besprechen, was Gebet für sie bedeutet, woher das Leid in
der Welt kommt und wie die Zukunft der Pfarrei aussehen
mag. Auf lockere Art und Weise nehmen sie die Zuhörer*innen mit zu ihrem Lagerfeuergespräch. Und manche

werden erstaunt sein, wie sie moderne Themen theologisch reflektieren, sodass sie verständlich werden und dabei stets auch interessant bleiben.

Ein weiterer Podcast, der Kirche mal ganz anders zeigt, ist «*Liebe, Altaaar*». Zwei junge Pastoren sprechen darin über ihre Freundschaft, neue Ideen für die Kirche und ihre Arbeit in einem sozialen Brennpunkt. Neben dem Spotify-Podcast sind beide auf Instagram aktiv und posten auf Tiktok eine Reihe witziger Videos. Etwa lackiert sich da einer der Pastoren die Fingernägel und fährt danach zu Rockmusik mit dem Skateboard durch die Kirche. Ihre Gottesdienste sind eine Mischung von Fußballstadion und Wohnzimmeratmosphäre. Gepredigt wird im lockeren Freizeitlook mit Kapuzenpulli und Baseballcap. Einzig das Collarhemd, das sie immer tragen, lässt erahnen, dass die beiden wirklich Pastoren sind.

Aber neben ihren amüsanten Kurzclips auf Tiktok sprechen die Pastoren auch ernste Themen an. In einem Video steht das Handy eines Pastors auf dem Boden. Er läuft hin und sagt: «Was machst du denn am Boden? Warte, ich helfe dir auf. Siehst du, so sieht die Welt schon gleich anders aus. Schön, dass es dich gibt.» Betitelt hat er das Video mit *#helfenkannjeder* und *#liebeiststärkeralshass*. Er ermutigt seine Community mit Aussagen wie: «Vergiss niemals, wie wertvoll du bist.»

Wer etwa christlich-feministischen Content sucht, ist beim *feministischen Andachtskollektiv* (fAK) genau richtig. Eine Gruppe von zehn jungen Menschen lädt wöchentlich christliche Andachten aus feministischer Perspektive auf Instagram. Das Besondere des Kollektivs ist sicherlich, dass die Gruppe bunt gemischt ist: Katholisch, evangelisch, zwischen Hauptstadt und Dorf, gender-queer, weiblich, trans, cis, pastoraler Bereich, FSJ, Studium, bi-, pan-, heterosexuell. So bunt, jung und feministisch erlebt man Kirche nicht alle Tage.

Glaube ist im Internet bunt und vielfältig. Da gibt es etwa den jungen Mann, der Bilder von Monstranzen hochlädt oder jemanden, der Heiligentexte ganz modern und peppig schreibt.

Das Youtube-Format *URBN.K*, das drei junge Menschen der katholischen Kirche der Stadt Zürich ins Leben gerufen haben, möchte Kirche auch im digitalen Raum sichtbar und lebensnah zeigen. Auf ihrem Kanal geht es darum, Themen aus der Stadt Zürich und dem urbanen Raum aufzugreifen und gesellschaftsrelevante Fragen einzubringen. Sie werden auf verschiedenen Events präsent sein, kommen mit Gästen ins Gespräch oder besuchen ein Flüchtlingslager in Bosnien. Ihr Kanal ist eine Mischung aus Gästen und Lebensgeschichten, Sozialem und Reportagen. Ihnen ist es wichtig, zu Veränderungen in Kirche und Gesellschaft beizutragen und auch zu hinterfragen, ob alles so sein muss, wie es momentan ist.

Ehrlich berichten auf Instagram junge Theologiestudent*innen in ihren Insta-Stories täglich von dem, was sie umtreibt. Sie zeigen, welche Netflix-Serie sie gerade fesselt und wie ihr Unialltag aussieht. Sie erzählen ihren

Follower*innen über ihren Glauben an Gott und benennen auch offen ihre Zweifel. Sie nehmen ihre Zuschauer*innen mit in die Stille des Gebetsalltags und getrauen sich, über die «heißen Eisen» in der katholischen Kirche zu sprechen – obwohl sie nach ihrem Studium gerne in der katholischen Pfarrei tätig sein möchten. Mit ihrer Leichtigkeit holen sie viele Menschen ab, die mit ihrer Kirche hadern.

So vielfältig, wie Gott ist, so vielfältig sind auch die Menschen, die an ihn glauben, und so einzigartig zeigen sie es auf ihren Profilen und inspirieren damit wiederum andere Menschen, selbst einen Schritt auf Gott zuzugehen, wieder neu mit ihm in Kontakt zu treten oder eine andere Seite von Glauben und Kirche kennenzulernen. Was diese Christfluencer*innen gemeinsam haben: Sie alle begleiten Menschen seelsorgerlich. Sie alle haben eine kleinere oder größere Netzgemeinde, für die sie ansprechbar sind. Sie alle begeistern, ecken an und repräsentieren Kirche als einen wunderbaren, weltoffenen Ort, an dem Ausgrenzung keinen Platz hat. Und sie zeigen täglich, dass Sonntag nicht nur einmal in der Woche ist. Denn auf vielen Profilen wird jeden Tag Gottesdienst gefeiert: Sei es in Form einer Andacht, eines Gebets oder einer konkreten, zumeist diakonischen Aktion.

Viele dieser genannten Online-Formate sind Teil vom *ruach.jetzt*-Netzwerk, das ökumenisch ist und eine breite Palette an christlicher Spiritualität und theologischem

Tiefgang zu bieten hat. Auch ich bin Teil dieses Netzwerks und sehe, wie die Creator*innen der jeweiligen Accounts auf ihre individuelle Art und Weise zeigen, wie sie ihren Glauben leben und allein damit schon Kirche verändern. Durch ihr Auftreten wird Kirche bereits jünger, vielfältiger und bunter.

Christ*innen im Netz zeigen deutlich, dass junge Menschen kompetent sind, über ihren Glauben und über theologische und kirchenpolitische Fragen zu diskutieren. Sie lassen Anteil haben an ihrem Alltag und an ihrem Glaubensleben und begleiten auf diese Weise ganz viele Menschen auf ihren Lebenswegen. Sie gestalten Kirche neu und machen sie vor allem lebendig. Doch oftmals wird jungen Menschen innerhalb der Kirche vor Ort zu wenig Platz eingeräumt, damit sie sich entfalten und genauso viele Menschen wie in den sozialen Netzwerken anziehen können. Die Kirche hätte die Möglichkeit, ein riesiges Potenzial an begeisterten und begeisternden jungen Menschen auszuschöpfen, die genau wissen, wie ihre Kirche in Zukunft aussehen soll.

Durch den Auftritt in Social Media erhält Kirche automatisch ein anderes Gesicht: jung, divers, vielfältig. Es gibt keine Grenzen und Hierarchien. Hier wird Glaube gelebt. Social Media beweist, dass Gott sich überall finden lässt: In einem Podcast von Theolg*innen, in der Instagram-Story einer jungen Studentin oder in einem witzigen Tiktok-Video. Es ist für jeden etwas dabei. Jeder kann den Kanälen folgen, die den eigenen Geschmack treffen.

Ohne Social Media wird die Kirche kaum eine Zukunft haben. Denn wegen der vielen Möglichkeiten, über die wir heute verfügen, suchen viele nicht als Erstes die Kirche am Ort auf. Die Kirche als Institution hat auch nicht mehr das Monopol für Sinnfragen, Lebensorientierung und Transzendenz. Mittlerweile steht das Christentum in großer Konkurrenz zu anderen Sinn-Angeboten.[65] Da die Kirchen es in den letzten Jahren verpasst haben, nah bei den Menschen zu sein und ihnen zu zeigen, dass sie auf wichtige Fragen im Leben auch die richtigen Antworten haben, haben sie an Relevanz verloren. Doch zum Glück gibt es die Kirchen-Macher im Netz. Sie zeigen, dass christlicher Glaube nicht eingestaubt oder langweilig ist, sondern noch heute eine Ausstrahlungskraft für Menschen haben kann. Dennoch: Social Media ersetzt nicht die Gemeinschaft vor Ort. Digitale und analoge Kirche dürfen nicht gegeneinander ausgespielt werden, denn beide tragen einen Wert für sich.

Da ich selbst auch auf den Sozialen Netzwerken aktiv bin und versuche, die Menschen in ihrem Glauben zu begleiten, merke ich an den Rückmeldungen, wie gut es ihnen tut, nicht nur Influencer*innen zu begegnen, sondern auch sogenannten «Sinnfluencer*innen». Ich freue mich sehr, dass es junge Katholik*innen und Protestant*innen gibt, die auf ihren Instagram-Kanälen auf Glaubens- und Kirchenthemen aufmerksam machen. Sie zeigen ihren Follower*innen, wie ihre Kirche aussieht, und überlassen nicht den alten Herren und reaktionären Anhängern das letzte Wort. Diese vielen verschiedenen Christ*innen prägen Kirche auf eine ganz neue Art und zeigen, wie vielfältig Kirche und Glaube außerhalb der Kirchenmauern sein kann. Und genau das kommt bei den jungen Menschen an. Ein neues christliches Profil kann dann entwickelt werden, wenn genügend Menschen im öffentlichen Raum auftreten und Kirche weiterentwickeln und farbig darstellen. «Was heute nach Untergang und Ende aussieht, trägt auch die Chance eines Aufbruchs in sich. Insofern kann das Christentum auch auf der Schwelle zu einem Durchbruch in eine neue Weltzeit stehen»[66], wie es der katholische Religionspädagoge Hubertus Halbfas auf den Punkt bringt.

Weitergehen

Noch lange nicht am Ziel

Wer Teil der Kirche bleiben möchte, braucht einen langen Atem und viel Geduld. Das brauchen nicht nur wir im 21. Jahrhundert. Diese Fähigkeiten mussten schon die Generationen vor uns haben. Denn zu jeder Epoche gab es größere und kleinere Kämpfe in der Kirche. Keine Entwicklung ist einfach so «vom Himmel gefallen» und wurde von allen ohne Widerspruch hingenommen. Als ich im Theologiestudium zum ersten Mal von den ersten Konzilien und ihren theologischen Anführern hörte, wurde mir plötzlich bewusst, dass es die eine «heilige» katholische Kirche im Grunde genommen noch nie gegeben hat. Unser Professor für Alte Kirchengeschichte erzählte uns die damaligen Begebenheiten wie einen spannenden Roman. Mord, Totschlag und Intrigen gab es zuhauf – und das von Menschen, die später vom Lehramt heiliggesprochen wurden und heute verehrt werden. Etwa der Konflikt zwischen Nestorius, Patriarch von Konstantinopel, und Cyrill, Bischof von Alexandrien, deren theologische Streitigkeiten über die Gottesmutter Maria beim Konzil von Ephesus 431 für die Anhänger von Nestorius tödlich endete: Denn Cyrill wartete zusammen mit einem Schlägertrupp auf Nestorius und seine Anhänger. Cyrill, so ist überliefert, spannte seine Gegner an die Kutsche, fuhr mit ihnen durch Ephesus und schleifte sie so lange hinterher, bis sie tot waren. Als das Konzil schließlich begann, wurde Nestorius in die Verbannung geschickt. Inwieweit er tatsächlich häretisch gelehrt hatte oder seine Darstellungen falsch verstanden worden waren, liegt bis heute (noch) im Dunkeln. Doch: Auseinandersetzungen waren in der Kirchengeschichte beileibe nicht immer friedlich, und Veränderungen ging meist ein jahrelanger Streit voraus, der den Parteien viel Anstrengung und einen langen Atem abverlangte.

Wer sich heute für Veränderungen in der Kirche einsetzt, muss zum Glück kaum mehr um sein Leben fürchten. Zu jeder Zeit gab es Menschen, die die «Zeichen der Zeit» erkannten und die Kirche zukunftsfähig machen wollten, und gleichzeitig begegneten sie Gläubigen, die alles daran setzten, jegliche Veränderungen zu unterbinden, weil ihnen das Alte liebgeworden war.

Ich möchte am Ende dieses Buches einen optimistischen Blick in die Vergangenheit wagen, um daraus Perspektiven für die Zukunft zu ziehen. Denn die vielen Christ*innen zu jeder Zeit können uns ein Vorbild sein im heutigen Einsatz für Reformen. Sie durchlebten Machtkämpfe, auch sie erhoben – im Rahmen ihrer gesellschaftlichen Möglichkeiten – ihre Stimme. Für manche Belange kämpfen wir bereits Hunderte von Jahren. Etwa, dass Priester heiraten dürfen. Martin Luther kritisierte den Priesterzölibat und forderte in der Schrift *An den christlichen Adel deutscher Nation von des christlichen Standes Besserung* von 1520 die Abschaffung desselben. Im bekannten Schweizer Film *Zwingli* konfrontiert ein Anhänger den Zürcher Reformator Huldrych Zwingli mit der Frage, wann er denn heiraten würde, da es sich herumgesprochen hatte, dass er in einer Beziehung mit einer Witwe lebte. «Ja, und wir fordern, dass Priester heiraten dürfen», sagt Zwingli im Film. «Du frägst um Erlaubnis. Die wirst du nicht bekommen. Auch in 500 Jahren nicht», erwidert ihm sein Freund. Die Drehbuchautorin Simone Schmid hat diese Aussage sicherlich mit einem Augenzwinkern und einem Wink Richtung katholische Kirche platziert. Unzählige Generationen haben sich an der Zölibatsfrage abgearbeitet. Und noch heute sind wir nicht am Ziel. Wer weiß, wie viele Generationen noch dafür kämpfen müssen. Oder vielleicht steht die Kirche gar an einem Scheidepunkt und die Veränderungen treten plötzlich ganz ruckartig ein?

Ein Kampf, der noch gar nicht so lange her ist und den die älteren Generationen in der Kirche noch miterlebt haben, war das schon oft erwähnte Zweite Vatikanische Konzil (1962–1965). Als Angelo Giuseppe Roncalli am 28. Oktober 1958 zum Papst gewählt wurde und sich für den Namen Johannes XXIII. entschied, ahnte wohl niemand, dass dieser einmal als Fortschrittspapst in die Kirchengeschichte eingehen und für beherzte Kirchenreformer noch heute eine Galionsfigur sein würde. Der damals 77-Jährige hatte erkannt, dass die Kirche an einem

Scheideweg steht[67] – so wie die Kirche heute wieder. Gerne hätte ich in der Zeit vor dem Zweiten Vaticanum mit ihm gesprochen und seine Sorgen über die kirchliche Zukunft gehört. «Wo geht es mit dir hin, Kirche? Wie schaffen wir es, dich wieder attraktiv und lebendig zu machen? Was braucht es, damit du wieder stärker wahrgenommen wirst? Wie muss sich Kirche verändern, damit sie wieder einen Platz mitten im Leben der Menschen hat? Wie kann die frohe Botschaft wieder gehört werden?», waren sicherlich Fragen, die ihn beschäftigten.

Johannes XXIII. verlieh dem Papstamt ein menschliches Antlitz, indem er den Menschen auf Augenhöhe begegnete. So schaffte er den Fußkuss und die bis dato vorgeschriebenen drei Kniefälle bei Privataudienzen ab. Dennoch war er kein Papst, der den Reset-Knopf der Kirche drückte. Doch: Er wagte ihre Weiterentwicklung. Von der internationalen Presse wurde er nach der Papstwahl wegen seiner konservativen Frömmigkeit als Kompromisslösung betrachtet. Doch er spürte, dass der Kurs der Kirche geändert werden musste. So stellte er das «Aggiornamento», die Aktualisierung, die «Verheutigung der Kirche» ins Zentrum seines kirchlichen Reformprogramms. Johannes XXIII. schaute voraus und versuchte, die Kirche in der Welt im Lichte des Evangeliums neu zu positionieren. Das Zweite Vatikanische Konzil war eine Bestandsaufnahme des Ist-Zustandes der Kirche und ein Versuch, Lösungsansätze zu liefern. Es war ihm ein großes Anliegen, die «Ängste, Nöte und Sorgen der Menschen» zu erkennen und ihnen zu helfen. Er wusste, nur auf diesem Weg die Zukunftsfähigkeit der Kirche sichern zu können.[68] So entstand in der Kirche ein neues, offenes Klima – ein neuer Frühling brach an.

«Endlich. Es geht voran», hatten damals sicherlich einige Gläubige gedacht, die sich Veränderungen wünschten, aber es kaum laut auszusprechen wagten. Bei meinen Vorträgen begegne ich immer wieder Menschen, die damals Jugendliche oder junge Erwachsene waren und diese Zeit wie eine Befreiung erlebt haben. Ihre Augen strahlen, wenn sie davon berichten und von den Hoffnungen, die sie damals in sich trugen. Es sind Träume von ihrer Kirche, die sie noch nicht begraben haben, weil sie nur ein kleines Stück von der Realität weg zu sein scheinen.

Meine Großeltern beispielsweise kannten noch Gottesdienste in lateinischer Sprache und mit einem Priester, der ihnen den Rücken zuwandte. Meine Eltern erlebten Gottesdienst nur mit männlichen Ministranten. Meine Tante erzählte mir einmal, dass sie gerne Ministrantin geworden wäre. Diesen Satz habe ich von unzähligen Frauen gehört, einige hatten dabei sogar Tränen in den Augen. Das Zweite Vatikanische Konzil ebnete die Wege, um Denk- und Reformprozesse voranzutreiben. So waren die Würzburger Synode in Deutschland (1971–75) und die Synode 72 in der Schweiz (1972–1975) entscheidend dafür, dass heute viele Pastoralreferent*innen und ständige Diakone die Pfarreien bereichern. Mir ist durchaus bewusst, dass Themen wie der Diakonat der Frau oder Viri probati auch dort ausgeschwiegen beziehungsweise nur sanft angesprochen wurden. Aber dennoch veränderten diese Beschlüsse das Kirchenbild erheblich.[69] Vor über 60 Jahren war das Bild von Kirche durch und durch priesterlich und männlich geprägt. Von ihnen ging die Macht aus; sie allein repräsentierten die Kirche. Lai*innen waren eher passive Objekte, die es brauchte, um Gottesdienst feiern oder Diakonie betreiben zu können. Durch das Zweite Vatikanische Konzil kam es zu einer Aufwertung der Lai*innen[70], und sie – die nicht-geweihten Personen – wurden auf einmal sichtbar, selbst im Altarraum. Dies alles sind Meilensteine. Die Kirche darf aber nicht bei den Reformen des Zweiten Vatikanischen Konzils stehen bleiben. Denn die Welt dreht sich weiter – und schneller.

Ich bin dankbar, dass die Generationen vor uns nicht aufgehört haben zu kämpfen, auch dann nicht, als es für sie unbequem wurde. Sie hatten eine Vision und einen Traum von Kirche, an dem sie stetig gearbeitet haben. Ich weiß, dass es keinem ein Trost ist, wenn ich nun sage, dass in der 2000-jährigen Kirchengeschichte viel passiert ist und Veränderungen immer lange gebraucht und viel Streitkultur vorausgesetzt haben. Ich weiß auch, dass der Blick in die Geschichte unsere Probleme von heute nicht kleiner macht und auch den Frust nicht nimmt. Mir macht das Schauen in die Kirchengeschichte jedoch Mut, nicht aufzugeben, sondern weiterzukämpfen. Denn es hat sich schon vieles verändert. Und das wird es auch in Zukunft. Dafür braucht es aber Menschen, die ihre Streitlust nicht verlieren, Unrecht nicht akzeptieren wollen und Kirche als einen Ort für alle sehen, nicht als einen exklusiven Club der «Super-Frommen».

Laut bleiben

Wer heutzutage noch Kirchenmitglied ist und sich außerhalb der «Kirchenbubble» aufhält, muss sich zuweilen für seine Mitgliedschaft rechtfertigen. Auch ich habe mir über die Jahre hinweg schon viel anhören müssen. Mir wurde vorgeworfen, dass ich durch meine Mitgliedschaft die Straftaten, mithin den sexuellen und spirituellen Missbrauch durch Geistliche und Ordensleute gutheißen und gar unterstützen würde. Ich habe von jungen Menschen erfahren, dass sie von Freund*innen damit konfrontiert wurden, wie sie denn in einer Kirche noch ehrenamtlich tätig sein können, obwohl der Vatikan gegen Homosexuelle hetzt. Sich für seine Konfession rechtfertigen zu müssen, ist gerade für junge Menschen nicht immer einfach. Aber ich spüre, dass es noch viele junge und alte Menschen gibt, die zu ihrer Kirche und zu ihrem Glauben stehen. Sie bringen viel Kritik an, doch sie versuchen, ihre Kirche damit voranzutreiben. Jene, die durch ihr mutiges Auftreten der Kirche ein neues Gesicht zu geben versuchen, möchten dadurch verdeutlichen, dass auch sie Kirche sind und Kirche nicht automatisch bedeutet, alt, männlich oder gar kriminell zu sein. «Ich schäme mich nicht für meinen

Glauben und mein Katholischsein», sagte mir ein junger Mann voller Überzeugung. «Wenn ich dann sage, dass ich mir eine moderne Kirche wünsche, eine, die Gender nicht als Ideologie oder Homosexualität als therapierbar ansieht, staunt mein Gegenüber manchmal sogar.» Starke Statements für eine Mitgliedschaft in der Kirche braucht es mehr denn je – und zwar gerade dann, wenn durch die Medien wieder skandalöse Predigtworte von Bischöfen publiziert werden und viele – innerhalb und außerhalb der Kirche – denken: «typisch katholische Kirche». Nach meiner Auffassung kann die Kirche in unseren Breitengraden nur dann weiter existieren, wenn diese kritischen Stimmen laut bleiben und ihren Unmut gegenüber der aktuellen Kirchensituation äußern. Es braucht diese Stimmen, denn sie sind es, die Veränderung vorantreiben. In der Kirchengeschichte war es schon immer so, dass sich nur dann etwas geändert hat, wenn Menschen mit ihrer Kirche unzufrieden waren. Die Kritik, dass Kirche nicht zeitgemäß ist, ist kein ausschließlich modernes Phänomen. In jeder Zeitepoche kam Kritik an der Amtskirche auf.

Der Synodale Weg in Deutschland ist ein Versuch, auf die Stimmen der Menschen zu hören und das gemeinsame Gespräch zu pflegen. Auch hier gab es Ewiggestrige, die sich hinter einer falsch verstandenen Tradition verschanzten, um ihr Kirchenbild und ihre Vorstellung von Tradition nicht hinterfragen zu müssen. Doch die vielen klaren Stimmen zeugen deutlich von einer Aufbruchsstimmung. Hoffnung macht mir neben den vielen starken Teilnehmer*innen auch der Instagram-Kanal von *Jung&Synodal*. Sie machen deutlich, dass sie sich für ihren Glauben nicht schämen, aber ihre Kirche nicht im «Sumpf» stecken lassen möchten. Die jungen Mitglieder des Synodalen Weges möchten die katholische Kirche konstruktiv-kritisch mitgestalten, bringen ihre jungen Perspektiven und Realitäten mit ein und wollen Mut machen: Kirche kann sich verändern. «Der Weg ist schwer, aber auch eine unglaubliche Chance, bei der es besonders wichtig ist, dass jungen Menschen eine Stimme gegeben wird», heißt es in einer Insta-Story. Sie sind sich einig, dass der Synodale Weg eine kritische Öffentlichkeit braucht, damit so viele Menschen wie möglich die Umsetzung der Ergebnisse einfordern können. Deswegen berichten sie unter *@jung_synodal* von ihrer Arbeit und vor allem auch darüber, was junge Menschen einbringen. Sie posten ihre Statements aus den Hearings und den Online-Konferenzen. So wird etwa Kai Christian Moritz, einer der Sprecher des Betroffenenbeirats der Deutschen Bischofskonferenz, zitiert, den ich in einer Talkshow kennenlernte: «Die Frage ist nicht, warum Betroffene sich noch in der Kirche engagieren. Sondern: Warum werden Täter und Vertuscher noch in dieser Kirche geduldet?»[71] Oder auch Lukas Nusser, Mitglied des Leitungsteams des KjG Diözesanverbands Freiburg: «Und wenn der Bezug zur Lebenswelt fehlt, dann ist die Kirche in dieser Form nicht das richtige Werkzeug, um am Reich Gottes für die Menschen zu arbeiten.» Der Einsatz der jungen Menschen ist, wie auch der Synodale Weg, wegweisend für andere Länder und wird sicherlich vielen Christ*innen Mut machen, ihre Kirche weiter zu gestalten und das Ruder nicht den Reaktionären zu überlassen.

«Es wird keinen Stillstand geben»

Wer kirchenpolitisch informiert ist, weiß, dass leider nicht alles so läuft, wie man es sich erhofft. Ein jüngstes Beispiel führt uns abermals nach Köln. Es geht um das Verhalten und die Verstrickungen des Kölner Kardinals Rainer Maria Woelki in den Missbrauchsskandal in seinem Bistum. Seinetwegen ist im Februar 2021 der Server des Amtsgerichts in Köln zusammengebrochen. Denn rund 5000 Personen versuchten gleichzeitig, einen Online-Termin für einen Kirchenaustritt zu beantragen.[72] «Die Kirche schafft sich selber ab», bekomme ich dann gerne mal auf Instagram kommentiert. Die momentane Zeit ist nicht gerade rosig für die Kirche. Pessimistisch betrachtet würde ich den Aussagen, dass es Kirche bald nicht mehr gibt, zwar durchaus zustimmen. Aber die optimistische Seite in mir sagt, dass es diese Reinigung der Kirche jetzt unbedingt braucht. Eine moderne, geschlechtergerechte und bunte Kirche kann nicht auf einem kirchlichen System fußen, das Machtmissbrauch nicht nur ermöglicht, sondern gar noch begünstigt. Deshalb darf die Amtskirche nicht mehr so weitermachen wie bisher. Es bedarf einer inneren und äußeren Umkehr!

In der frühen Kirche mussten Menschen, die eine Sünde begangen – etwa gestohlen – hatten, ein Büßergewand tragen, wurden von der Christengemeinde ausgeschlossen und durften zwar bei der Vormesse noch dabei sein, aber nicht an der Eucharistie teilnehmen. Während der Bußzeit, die je nach Vergehen von unterschiedlicher Dauer sein konnte – zwischen zwei und drei Jahren, bei schlimmeren Verbrechen sogar lebenslang andauerte –, mussten die Büßenden mit abgeschnittenen Haaren oder einem Bußschleier in einen Sack gekleidet sein. Jeder konnte sehen, dass sie gesündigt hatten. Am Gründonnerstag wurden sie dann für gewöhnlich wieder in die Gemeinschaft aufgenommen.

Nun muss sich meiner Meinung nach die Amtskirche selbst dieses Büßergewand anziehen und wohl noch eine Weile in Sack und Asche umherlaufen, und zwar so lange, bis der einzelne Mensch höher bewertet wird als der Schutz des Amtes oder das Ansehen der Kirche. «Da müssen wir noch Hunderte von Jahren warten», sagen mir dann vor allem ältere Personen, wenn ich dieses Bild in Gesprächen verwende. «Ich habe schon so viel erlebt mit der Kirche. Ich habe wenig Hoffnung», ließ mich einmal eine Frau daraufhin wissen. Dennoch glaube ich, dass in den letzten Jahren bereits viel in Bewegung geraten ist. Natürlich ist mir bewusst, dass die konservative Front immer sofort mit «Wahrheits-Parolen» um sich wirft, wenn Progressive Ideen vorbringen, wie die Kirche vor dem völligen Zerfall gerettet werden kann. Mir ist auch bewusst, dass es überwiegend Reaktionäre sind, die in Rom das Sagen haben und die Entscheidungen treffen. Doch Papst Franziskus hat in den letzten Jahren durchaus bewusst gewisse hohe Ämter mit Männern besetzt, von denen er denkt, dass sie weniger im alten Schema seiner Vorgänger verhaftet sind. «Es wird keinen Stillstand geben», erwiderte mir ein holländischer Journalist, als ich ihm gegenüber meine Vermutung äußerte, dass nach Papst Franziskus ein konservativer Papst gewählt werden wird, der alle Reformbemühungen im Handumdrehen wieder vom Tisch fegen wird. «Nein, jene, die als Nachfolger infrage kommen, werden das Erbe von Franziskus weitertragen», war er überzeugt. Er zählte mir einige Kardinäle aus verschiedenen Ländern auf und ging kurz auf deren Background ein. «Papst Franziskus bereitet nur den Weg. Reformen werden andere durchführen», versicherte er mir. Zudem nehme die Macht der Konservativen in der Kurie ab, so der Vatikanexperte.

Meine Befürchtungen teilen dennoch sehr viele in der Kirche: Die ehrlichen Bemühungen von Papst Franziskus, Wind in Sachen Erneuerung zu bringen, können innerhalb kürzester Zeit wieder rückgängig gemacht werden. Würde aus der reaktionären Ecke etwa der zurückgetretene Kurienkardinal Robert Sarah aus Guinea oder der deutsche Kardinal Gerhard Ludwig Müller zum Papst gewählt werden, hätten wir noch eine größere Angstdynastie als noch unter Papst Johannes Paul II., sagte ich dem Journalisten. «Nein, das wird nicht geschehen. Die zwei sind auch in Rom Außenseiter», versuchte er mich zu beruhigen. Ich will ihm glauben und hoffen, dass die Reformversuche von Papst Franziskus weitergetragen werden und in wenigen Jahren auch Früchte tragen.

Dass die Kirche sich nicht im völligen Stillstand befindet, wurde mir bewusst, als ich zum Geburtstag einer 95-jährigen Frau eingeladen wurde. Bei der Verabschiedung drückte sie mir einen prallgefüllten Schnellhefter mit etlichen Zeitungsartikeln der letzten 50 Jahre in die Hand. «Ich bin alt, ich brauche das nicht mehr. Bei Ihnen ist es in den richtigen Händen. Dann sehen Sie, wie lange wir schon für Reformen in der Kirche kämpfen», sagte sie mir. Daheim las ich mir die Zeitungsausschnitte durch, und mir wurde wieder einmal bewusst, dass schon etliche Jahrzehnte vor meiner Geburt Menschen in der Kirche rebelliert haben. Zwar ist die 95-Jährige zu ihrer Lebzeit nichts ans erhoffte Ziel gekommen, aber dennoch hat sie Kirche geprägt und dafür gesorgt, dass sie nicht stillsteht.

Gläubige haben in den letzten Jahren – vor allem auch unter den restaurativen Pontifikaten von Johannes Paul II. und Benedikt XVI. – alles unternommen, um den großen Dampfer Kirche in Bewegung zu halten. Es sind immer wieder die Gläubigen, die trotz weitverbreiteten und tiefsitzenden Ängsten großen Mut zeigen und immer wieder versuchen, Veränderungen voranzutreiben, um die Zukunftsfähigkeit der Kirche zu sichern. Wie würde die Kirche heute wohl ohne ihren Einsatz aussehen? Mutausbrüche braucht es zu allen Zeiten.

«Verbittere nicht»

Im September 2015 wurde ich als Referentin zu einer internationalen Frauenkonferenz in die USA eingeladen. Über zweihundert Frauen und Männer aus der ganzen Welt trafen sich für ein Wochenende in Philadelphia, um sich über die Zukunft der Kirche auszutauschen. Als damals 25-Jährige konnte ich zum ersten Mal sehen, was alles schon in der Kirche passiert und wie viele engagierte Katholik*innen sich weltweit für eine zukunftsfähige Kirche einsetzen. Ich habe an dieser Konferenz neuen Mut geschöpft, dass ich mit meinem Traum von einer geschlechtergerechten Kirche nicht allein unterwegs bin. Bis dahin dachte ich noch, dass das Thema Frauenpriestertum nur ein «Luxusproblem» des Westens sei und in anderen Erdteilen sich die Weiheämterfrage für Frauen gar nicht stellt. In Philadelphia war ein großer Aufschwung zu spüren – doch leider nahm kein offizieller kirchlicher Würdenträger an der mehrtägigen Veranstaltung teil. Mir machten vor allem die Zeugnisse und Berichte aus den unterschiedlichen Ländern Hoffnung. So erzählte etwa eine indische Theologieprofessorin über die Frauengruppierungen in ihrem Land, die sich stark für Gleichberechtigung einsetzen und auch ihre Bischöfe damit konfrontieren. Etwas Unbehagen hatte ich aber dennoch: Denn ich war so ziemlich die jüngste Teilnehmerin und die Anzahl von Frauen unter 45 Jahren war gering. Die streitbare Generation ist inzwischen bereits fast im Rentenalter, dachte ich damals. Vielleicht konnten sich die U45-Frauen aber auch den Flug in die USA nicht leisten, sagte ich mir. Auch ich konnte die Reise zur Konferenz nur antreten, weil ich ein Stipendium hierfür erhalten hatte, welches einen Großteil meiner Kosten deckte. Im Gespräch mit Frauen, vor allem aus Südamerika und Afrika, wurde mir klar, dass nur die Delegierten der Frauenorganisationen in die USA kamen. «Hinter uns stehen noch ganz viele weitere», versicherten sie mir. Und heute sehe ich, wie viele junge Menschen sich weltweit für eine erneuerte Kirche einsetzen.

Meine Mutter war damals bei der Konferenz mit dabei und beobachtete aus der Außenperspektive das Geschehen vor Ort. Sie, die kein Ehrenamt in der Kirche innehat, auch nicht Theologie studierte oder in irgendeiner Form einer Frauenorganisation angehört, nahm die Konferenz ganz anders wahr als ich. Ab und zu kommentierte sie die jeweilige Situation sehr treffend. Etwa kritisierte sie, dass beim Abschlussgottesdienst im Konferenzsaal alle Teilnehmenden animiert wurden, mit bunten Tüchern herumzuwirbeln. Meine Mutter und ich machten nicht mit. Uns fehlte in diesem Moment der klassische Gottesdienst, der behutsam und anbetungswürdig verläuft. «So etwas machst du später aber nicht, wenn du mal Priesterin bist, ja?! Da verstehe ich echt die Männer, die sich dem Frauenpriestertum gegenüber reserviert zeigen, wenn sie so etwas sehen: Frauen, die plötzlich nur noch wie aufgescheuchte Hühner im Altarraum rumtanzen.» Ich musste lachen. Ich gab ihr recht. Selbstverständlich gibt es Menschen, die sich in solch einer Art Gottesdienst wohler fühlen und befreiter ihren Glauben leben können. Und das ist legitim und hat seinen Platz. Liturgie zu gestalten ist manchmal ein Spagat: Allen kann man es nicht recht machen. Der eine kann nicht ohne Orgelmusik, andere wünschen sich etwas mehr Dynamik. Ich bin froh, dass es in unserer Kirche unterschiedliche Formen von Gottesdienst gibt, so dass jeder sich spirituell gestärkt fühlt.

Aber: Solche «Tücher-Frauen» sind es leider oft, die in Diskussionen von reaktionären Katholik*innen als Vorwand genommen werden, das Frauenpriestertum weiterhin abzulehnen. Auf einer Party sagte mir mal ein Priesteramtskandidat spöttisch: «Du würdest ja dann auch nur auf dem Altar rumtanzen.» Nein, würde ich nicht, erwiderte ich energisch. Auch die «Tücher-Frauen» würden nicht auf dem Altar herumtanzen. Die tanzenden Tücher-Menschen haben am rechten Rand der Kirche leider keinen guten Ruf und gelten gar als «Feinde der Kirche», die es in ihren Augen weiterhin an den Rand zu drängen gilt. Sie – so deren Ansicht – verunreinigen mit ihren Tüchern und ihren modernen Ideen das Allerheiligste. Auch wenn ich selbst nicht diejenige bin, die mit Tüchern zu Kirchenliedern tanzt, bin ich froh, dass es sie gibt. Denn sie bieten Christ*innen die Möglichkeit, ihren Glauben auch außerhalb der starren und manchmal auch kühlen Liturgie zu feiern, und ihm durch Bewegung Ausdruck zu verleihen.

Meine Mutter beobachtete die Frauen und Männer in Philadelphia alle sehr genau und fällte schon nach kurzer

Zeit das erste Urteil: «Ida Raming ist eine großartige Frau. Trotz ihres hohen Alters ist sie noch so fröhlich.» Zuvor hatte sie ein längeres Gespräch mit der deutschen Theologin und Frauenrechtlerin geführt. «Ich bin ein Stachel im Fleisch der Kirche», hatte sie mir bei einer persönlichen Begegnung damals gesagt, «und ich werde nicht klein beigeben und weiterhin für meine Berufung kämpfen.» Ja, Ida wurde mir über die Jahre hinweg ein Vorbild und ich bin glücklich, dass ich sie in Regensburg wiedertreffen und mich länger mit ihr austauschen konnte. Ich bewundere sie, denn selbst heute, wo sie kurz vor ihrem 90. Lebensjahr steht, hat sie ihre Fröhlichkeit und auch ihre Leichtigkeit nicht verloren. Diese solle auch ich beibehalten, sagte meine Mutter und fügte hinzu: «Verbittere nicht, Jacqueline. Sobald du verbitterst, musst du mir versprechen, nicht mehr zu kämpfen. Denn nur, wer mit dem Herzen, mit Fröhlichkeit und Heiterkeit kämpft, kann wirklich etwas erreichen. Wer verbittert kämpft, wird von anderen belächelt und nicht ernst genommen.» Ich versprach es ihr an jenem Nachmittag im großen Konferenzsaal in Philadelphia. Und ich verstand sofort, worauf sie hindeuten wollte: Einigen, vor allem älteren Frauen auf der Konferenz war die Verbitterung ins Gesicht geschrieben. Ihre Gesichter wirkten verbissen und zornig. Die Freude des Glaubens, die Liebe zur Kirche spiegelten sich in ihrer Mimik und Gestik kaum noch wider. Sie wirkten matt und erschöpft. Die Frauen und Männer, die ihre Leichtigkeit im Einsatz für Reformen verloren haben, möchte ich keinesfalls kritisieren oder zurechtweisen. Ich bin noch jung und setze mich erst seit einem Jahrzehnt offensiv für eine zukunftsfähige Kirche ein – ein langer Weg liegt noch vor mir, und ich weiß nicht, was mir noch alles begegnen wird. Ich verstehe jene, die Zorn in ihren Herzen tragen. Sie haben mit ihrer Kirche Dinge erlebt, die keiner hätte erleben sollen – und dennoch sind sie geblieben und machen sich Gedanken darüber, was sich ändern müsste. Doch ich habe auch die Erfahrung machen dürfen, dass man mit Liebe und Fröhlichkeit weiterkommt – und vor allem mehr Menschen von seiner Vision überzeugen kann. Daher sind die mahnenden Worte meiner Mutter «Verbittere nicht» inzwischen zum Leitsatz für mich geworden. Ich möchte die Herzen der Menschen erreichen, und das schaffe ich nur, wenn mein Herz voller Liebe und Freude ist – und ich meinen Kampfgeist und einen langen Atem behalte. Schon Johann Wolfgang von Goethe pflegte zu sagen: «Niemand will euch mehr verstehen, // Fordern wir doch höhern Zoll: // Denn es muß von Herzen gehen, // Was auf Herzen wirken soll.»

Ich verstehe, wenn man in seinem Katholisch-Sein verbittert und über die Jahre hinweg einen nur noch der Zynismus das erträglich macht, was kaum einer ertragen kann. Ich verstehe auch, wenn Personen auf Demonstrationen Bischöfen ins Gesicht brüllen und Veränderungen fordern. Sie haben alles Recht dazu, denn ihnen wurde viel zu lange nicht zugehört, schlimmer noch, sie wurden schlicht ignoriert. Sie wurden behandelt wie der Bettler auf der Straße, der aufdringlich nach Geld oder Essen fragt und um den wir Menschen einfach einen großen Bogen machen. Die Kirchenleitung hat lange das wimmernde Bitten und die Dialogbereitschaft der Basis überhört. Doch die Katholik*innen haben sich aus diesem Stadium des Ignoriert-werdens befreit. Sie haben sich zusammengeschlossen und treten mittlerweile als starke, breite und internationale Allianz auf, die nicht mehr überhört werden kann. (Wobei es nach wie vor Kirchenfunktionäre schaffen, ihre Herzen und Ohren zu verschließen, weil sie die Stimmen der Basis nicht hören wollen.) Viele dieser lauten Zeitgenoss*innen haben schon etliche Jahre mit ihrer Kirche hinter sich, können dutzende Geschichten erzählen, was sie als nicht-geweihte Person in ihrer Pfarrei oder von ihrem kirchlichen Arbeitgeber ertragen mussten: Demütigungen, Schikanierung, spiritueller oder sexueller Missbrauch. Sie alle tragen Wunden von ihrem Einsatz für die Kirche. Viele von ihnen ringen damit, die Kirche zu verlassen. Etliche können nicht mehr von «der Liebe zur Kirche» sprechen. Denn allzu viel ist passiert. Und zu wenig wurde von Seiten der Bischöfe gemacht. «Wirst du nie müde, für deine Kirche zu kämpfen?», fragen mich vor allem jüngere Frauen, die bereits jetzt in der Kirche anecken. «Doch», gebe ich offen zu. «Ich ziehe mich dann etwas zurück, um wieder zu neuen Kräften zu kommen.» Denn wer kraftlos für etwas kämpft, kann nicht gewinnen. Das ist wie beim Boxen: Wenn ich völlig schlapp vom Arbeitstag ins Training gehe, mein Kopf noch immer am Redaktionstisch ist und ich mich müde fühle, werde ich wohl kaum erfolgreich im Ring oder am Sandsack sein. Auch im Sport gilt es, sich zurückzunehmen und erst dann wieder durchzustarten, wenn die Energieressourcen aufgefüllt sind. Damit ich nicht verbittere, erlaube ich mir, Ruhepausen von der Kirche einzulegen und mir dann wieder bewusst zu werden, weshalb ich den Kampf für Reformen eigentlich begonnen habe: Weil Jesus Christus sich eine Kirche wünscht, in der alle willkommen und gleichberechtigt sind. Ich mache mir bewusst, was die Kirche alles Gutes zu bieten hat, und denke dabei an die unzähligen Menschen, die ich flüchtig oder über einen längeren Zeitraum kennenlernen und begleiten durfte, was diese alles in ihre Kirche tragen, wie sie Kirche zu einem wunderbaren, einzigartigen Ort machen, der Ausstrahlungskraft hat. Für die Kirche und die Menschen kämpfe ich. «Kämpfe solange, bis du am Ziel bist. Behalte dabei dein strahlendes Lächeln und deine Freude», sagte mir meine Mutter in Philadelphia. «Jesus war sicher auch manchmal frustriert, aber bis zum Schluss hat er sich seine Freude nicht nehmen lassen.» Weise Worte von meiner Mutter, mir den zum Vorbild zu geben, weswegen ich mich überhaupt erst auf den Weg gemacht habe.

Schlusswort

In den vergangenen Jahren fiel es mir schwer, meinen Geburtstag zu feiern. Mein 21. Geburtstag war der letzte, den ich mit Freund*innen gefeiert habe. Als ich 29 wurde, stellte ich mich meiner «Geburtstags-Phobie» und hörte in mich hinein, warum es mir so schwerfällt, diesen Tag zu feiern. Als ich merkte, dass es nicht etwa die Tatsache ist, dass ich älter werde und wieder ein paar Fältchen mehr habe, sondern die erhofften Reformen in der Kirche immer noch nicht eingetreten sind, habe ich einen Paradigmenwechsel vorgenommen: Nicht, was ich noch nicht erreicht habe, steht für mich seither im Vordergrund, sondern das, was ich bereits alles geleistet und bewegt habe. Und das ist eine Menge. Ja, Reformen in der Kirche gehen schleppend voran, und auch an meinem 32. Geburtstag werde ich noch nicht Priesterin sein. Aber in den letzten Jahren ist einiges passiert. Vieles ging in die richtige Richtung. Auch wenn es oftmals Minischritte sind, bei denen man manchmal genauer hinschauen muss, um sie überhaupt zu erkennen. Doch: Kirche befindet sich eigentlich ständig in einem Veränderungsprozess. Das ist den vielen mutigen Menschen in der Kirche zu verdanken.

Mein Vater sagt mir seit Jahren: «Glück hat, wer geduldig ist». Oft hat mich dieser Satz genervt, weil ich sehr ungeduldig bin und schnell ans Ziel gelangen möchte. Doch mittlerweile beruhigt er mich, denn: Wenn ich nur geduldig genug bin und an meinem Ziel festhalte, dann werde ich eines Tages das Glück haben, in einer lebendigen, diversen und gerechten katholischen Kirche meine Berufung leben zu können. Dieser Aphorismus enthält nur den Anfang und den Schlusspunkt eines Planes. Was dazwischen liegt, ist nicht benannt. Also der Schmerz, die Niederlagen, das Wiederaufstehen, die Unterstützung von anderen und die vielen kleinen Wegetappen.

Motivations-Coachs zeichnen gerne das Bild von zwei Männern, die in einer Mine nach Edelsteinen graben. Der Mann, der schneller gräbt, gibt nur wenige Zentimeter vor dem Diamantenfund auf. Er dreht um, läuft mit gesenktem Haupt und seinem Pickel auf der Schulter aus der Mine heraus. Der zweite Mann gräbt munter und motiviert weiter. «Du weißt nie, wie nah du dran bist. Gib nie deine Träume auf», steht unter dem Bild. Ich fühle mich manchmal wie eine Diamanten-Gräberin. Ich weiß nie, ob ich kurz vor einem riesigen Fund stehe. Die Diamanten der Kirche sind die «Zeichen der Zeit», von denen bereits Papst Johannes XXIII. während des Zweiten Vatikanischen Konzils gesprochen hat. Vielleicht sind wir schon nah dran – an den Reform-Diamanten. Es lohnt sich, jetzt nicht aufzugeben, sondern weiterzumachen. Wenn immer mehr ihren Pickel in die Hand nehmen und gemeinsam graben, dann werden die gewünschten Reformen schneller erreicht sein als gedacht.

In den vergangenen sechzig Jahren hat sich die Welt schneller gedreht als die Jahre zuvor. Globalisierung und Technologisierung haben wesentlich dazu beigetragen. Die unzähligen Skandale von Geistlichen haben zu einer Kirchendistanzierung geführt, die auch mit gutgemeinten Sätzen wie «Es tut uns so leid, was damals passiert ist» längst nicht vom Tisch sind. Die Menschen wollen einer Täter-Organisation kaum mehr angehören – außer, man ist durch die Familie oder durch Glaubenszeugen mit einer Kirche in Kontakt gekommen, die einen vom Besseren überzeugt hat. Doch diese Glaubenszeug*innen sind oftmals unbequeme Geister in der Institution, die nicht selten auch an ihre Grenzen stoßen. Durch ihr beharrliches Bleiben legen sie Zeugnis ab für eine Kirche der Zukunft. Ich vertraue darauf, dass die unbequemen Zeitgenoss*innen sich nicht aus ihrer Kirche drängen lassen. Nicht sie müssen ihre Einstellung ändern oder eine neue religiöse Heimat suchen, sondern die Amtskirche muss ihren Blick auf diese Menschen richten, die Täter zur Verantwortung ziehen und namentlich straf- wie zivilrechtlich belangen. Dass die Kirche eine Zukunft hat, zeigen mir die vielen Menschen, denen ich in den letzten Jahren begegnen durfte und die mir immer wieder gezeigt haben – egal wie frustriert oder wütend sie waren –, dass sie ihre Kirche nicht aufgeben möchten und den langen Weg zum Ziel in Kauf nehmen. Ja, wir werden noch lange laufen müssen. Dabei werden wir vor weiteren Enttäuschungen und Wunden nicht verschont. Doch wer stehen bleibt oder aufhört zu graben, kommt dem Ziel auch nicht näher.

Die Kirche der Zukunft wird zahlenmäßig kleiner werden, aber sie kann durch Kreativität und Talente der Menschen wesentlich bunter und vielfältiger werden, als sie es heute ist. Dafür braucht es mutige Haupt- und Ehrenamtliche und Kirchenverantwortliche, welche die Menschen vor Ort bestärken, selbst Kirche zu gestalten. Gleichzeitig braucht es mutige Bischöfe, die Reformen anstoßen und begleiten. Ich gebe die Hoffnung nicht auf, dass ich eines Tages die Kirche erlebe, die ich mir bereits so viele Jahre wünsche. Ich werde noch einige Kerzen auf meinem Geburtstagskuchen auspusten müssen – doch ich mache es nun mit Stolz und Zuversicht, weil ich weiß, dass meine Kirche bereits auf einem guten Weg ist und mit unserer Hilfe eine noch bessere Zukunft haben wird. Die Zeit ist reif für einen internationalen Mutausbruch!

Anmerkungen

1 https://www.dbk.de/presse/aktuelles/meldung/grussadres-se-von-papst-franziskus-zur-eroeffnung-der-bischofssyn-ode/

2 https://www.domradio.de/themen/bischofssyno-de/2015-10-25/papst-franziskus-feiert-synoden-abschluss-messe

3 https://www.vaticannews.va/de/papst/news/2018-03/papst-franziskus-jugendsynode-ansprache-jugend-beru-fung.html

4 Vgl. http://www.socialjudgments.com/docs/Brescoll%20and%20Uhlmann%202008.pdf

5 Wut aus einer spirituellen Sicht zu betrachten und diese zu nutzen: Pierre Stutz, *Lass dich nicht im Stich. Die spirituelle Botschaft von Ärger, Zorn und Wut*, Ostfildern 2017.

6 Godehard Brüntrup SJ, *Zehn Jahre Missbrauchskrise*, in: Stimmen der Zeit 145 (2020), 1 f.: «Die Kirche versteht sich als der mystische Leib Christi. Dass jemand, der nicht nur im Auftrag des Herrn unterwegs war, sondern Christus in dieser Welt sakramental verleiblichen sollte, Kindersee-len so verletzte, dass Lebensfreude, Vertrauen und Liebes-fähigkeit in ihnen beschädigt wurden, das ist wahrlich ein Maximum an Perversion, das ist der ultimative Verrat. […] Die todbringende Gefahr für Kinderseelen näherte sich ih-nen maskiert *in persona* Christi. Ein Sportverein ist dieses moralischen Abgrunds gar nicht fähig.» (Hervorhebung im Original)

7   Auf http://www.mariazweipunktnull.de/ sind alle erschienen Artikel einzusehen.

8   Pastoralkonstitution über die Kirche in der Welt von heute *Gaudium et spes* (GS), Nr. 4. Dazu: Hans-Joachim Sander, *Die pastorale Grammatik der Lehre – ein Wille zur Macht von Gottes Heil im Zeichen der Zeit*, in: Günther Wassilowsky (Hg.), *Zweites Vatikanum – vergessene Anstöße, gegenwärtige Fortschreibungen*, Freiburg i. Br. 2004, 185–209, hier: 188 f.: «Zeichen der Zeit sind Ortsbestimmungen mitten in dieser Zeit, die dort etwas freilegen, was verschwiegen wird, aber für die Auseinandersetzung um Humanität und menschenwürdige Verhältnisse repräsentativ ist.» Auch: Margit Eckholt, *Kein Konzil der Frauen, aber eines mit Frauen. Das Zweite Vatikanum – Frauenperspektiven?!*, in: Theologisch-Praktische Quartalschrift 160 (2012), 270–277.

9   https://www.tagesschau.de/multimedia/video/video-873197.html

10 Vgl. Norbert Greinacher, *Angst in der Kirche. Zeichen der Schwäche und der Chance für eine Erneuerung*, in: Rudolf Bohren/Ders. (Hg.), *Angst in der Kirche verstehen und überwinden*, München 1972, 7 ff.,12 ff.

11 Siehe etwa: https://www.elobservador.com.uy/nota/iglesia-dice-que-legisladores-que-votaron-despenalizacion-quedan-excomulgados-2012101819560
https://www.americamagazine.org/content/all-things/mcbride-un-excommunicated
https://www.ncronline.org/news/world/australian-priest-advocate-womens-ordination-excommunicated
https://www.nytimes.com/2011/07/23/world/23priest.html

12 Vgl. https://www.kirchenzeitung.ch/article/der-heilige-geist-draengt-und-wir-sind-bequem-4860

13 Vgl. https://www.domradio.de/themen/bist%C3%BCmer/2018-03-21/das-geistliche-testament-von-karl-kardinal-lehmann

14 Vgl. Peter Hünermann, *Eine «kalligraphische Skizze» des Konzils*, in: Guido Bausenhart et al. (Hg.), *Die Dokumente des Zweiten Vatikanischen Konzils. Theologische Zusammenschau und Perspektiven* (= Herders Theologischer Kommentar zum Zweiten Vatikanischen Konzil, Bd. 5), Freiburg i. Br. 2006, 447–469. Konkretisierend: Ottmar Fuchs, *Pastoraltheologische Reflexionen globaler Katholizität*, in: Michel Heberling (Hg.), *Inkulturation als Herausforderung und Chance: Grundfragen, pastorale Herausforderungen, Erfahrungen aus Partnerschaften*, Eichstätt 1999, 183–223.

15 Vgl. Eberhard Schockenhoff, *Theologie der Freiheit*, Freiburg i. Br. 2007.

16 https://www.katholisch.de/artikel/27671-koelner-khg-seelsorgerin-kirche-der-angst-muss-endlich-vorbei-sein

17 Vgl. Bernadette Brooten, *«Junia... hervorragend unter den Aposteln» (Röm 16,7)*, in: Elisabeth Moltmann-Wendel (Hg.), *Frauenbefreiung. Biblische und theologische Argumente* (GT.S 12), München 1978, 148–151.

18 «Es ist schon etwas Großes, ein Apostel zu sein; aber erst unter den Aposteln hervorragend zu sein, bedenke, was das für ein Lob ist! Hervorragend waren sie aufgrund ihrer Arbeit und rechtschaffenen Taten. Wie groß muss doch die Weisheit dieser Frau gewesen sein, dass sie sogar für würdig gehalten wurde, den Aposteltitel zu tragen!», schrieb der griechische Kirchenvater Chrysostomus (349/350–407).

Auch Origenes (um 185–254), Hieronymus (um 347–419/420) und Abaelard (1079–1142) hegten nicht den geringsten Zweifel, dass Junia eine Frau war.

19 Zum fundamentalen Wert sexueller Selbstbestimmung: Stephan Goertz, *Naturrecht und Menschenrecht. Viele Aspekte der kirchlichen Sexualmoral werden nicht verstanden*, in: Herder-Korrespondenz 68 (2014), 509–513. Ebenso: Margaret A. Farley, *Verdammter Sex. Für eine neue christliche Sexualmoral*, Darmstadt 2016. Einen umfassenden Überblick bietet: Arnold Angenendt, *Ehe, Liebe und Sexualität im Christentum. Von den Anfängen bis heute*, Münster 2015.

20 Vgl. Andreas Odenthal, *Segensfeiern für Wiederverheiratet-Geschiedene. Zu Möglichkeiten ritueller Erfahrung in einem schwierigen Lebenskontext*, in: Julia Knop, Benedikt Kranemann (Hg.), *Segensfeiern in der offenen Kirche. Neue Gottesdienstformen in theologischer Reflexion*, Freiburg i. Br. u. a. 2010, 177–194.

21 Das Priester-Amt ist Dienst-Amt. Dazu: Dogmatische Konstitution über die Kirche *Lumen gentium* (LG), Nr. 10: «Priestertum des Dienstes». Zum Priesterbild im Wandel: Paul M. Zulehner, *Vielfalt und Persönlichkeit. Perspektiven für ein zukunftsfähiges Priesterbild*, in: Anzeiger für die Seelsorge 125 (2016), 5–9.

22 *Lebendige Seelsorge. Catholic Women – Ein internationales Frauenheft* 3/2020. Margit Eckholt et al. (Hg.), *Frauen in kirchlichen Ämtern. Reformbewegung in der Ökumene*, Freiburg i. Br. 2018. Ebenso: Jacqueline Straub, *Endlich Priesterin sein. Keine Frage der Macht, sondern des Herzens*, Freiburg/Schweiz 2017.

23 https://www.deutschlandfunkkultur.de/katholische-feministin-anne-soupa-diesmal-eine.1278.de.html?dram:article_id=480348

24 Das Erzbistum Lyon wird seit Jahren von Missbrauchsskandalen erschüttert. Der zurückgetretene Kardinal Philippe Barbarin hat Täter über Jahre hinweg gedeckt.

25 Vgl. Hubert Wolf, *Krypta. Unterdrückte Traditionen der Kirchengeschichte*, München 2015, 45ff., 54ff.

26 https://www.domradio.de/themen/weltkirche/2020-07-22/sieben-auf-einen-streich-katholikinnen-frankreich-bewerben-sich-auf-kirchenaemter

27 Sr. Philippa Rath (Hg.), *«Weil Gott es so will». Frauen erzählen von ihrer Berufung zur Diakonin und Priesterin*, Freiburg i. Br. 2021.

28 Treffend: Wolfgang Beinert, *Das Lehramt und die Krise der Kirche*, in: Herder-Korrespondenz 75 (2021) 38-40, hier: 39: Christus nur als Mann darstellen: «Das ist schon exegetisch ein Kurzschluss. ... Für Sakramentenspendung ist mithin das Geschlecht belanglos.»

29 https://www.feinschwarz.net/eine-frauensynode-einberufen-einvorschlag-der-paepstlichen-kommission-fuer-lateinamerika/ Siehe auch: https://www.vaticannews.va/de/vatikan/news/2018-04/vatikan-lateinamerika-frauen-synode-abschlusserklaerung.html

30 https://www.pewresearch.org/fact-tank/2019/12/20/many-catholics-in-latin-america-including-a-majority-in-brazil-support-allowing-priests-to-marry/

31 Margit Eckholt, *«Kirche im Aufbruch»: die Frauenfrage als weltkirchliches Desiderat. «Frauen in kirchlichen Diensten*

und Ämtern». Theologin und Bischof auf der Suche nach einer «Kirche im Aufbruch» – Vortrag anlässlich der Verleihung der Ehrendoktorenwürde an der katholisch-theologischen Fakultät der Universität Luzern am 7. November 2019.

32 Paul M. Zulehner, *Aufruf zum Ungehorsam. Taten, nicht Worte reformieren die Kirche*, Ostfildern 2012, 34.

33 https://www.youtube.com/watch?v=PfF_ArkQzFY

34 Doris Wagner, *Spiritueller Missbrauch in der katholischen Kirche*, Freiburg 2019. Doris Wagner, *Nicht mehr ich. Die wahre Geschichte einer jungen Ordensfrau*, Wien 2014. Doris Reisinger, Christoph Röhl, *Nur die Wahrheit rettet. Der Missbrauch in der katholischen Kirche und das System Ratzinger*, München 2021.

35 Vgl. Annette Zoch, *Zeit des Zorns*, in: Süddeutsche Zeitung Nr. 44, 23.2.2021, 5: «Gemeinsam mit anderen Betroffenen wendet sie (Doris Reisinger) sich in einem offenen Brief an die Bischöfe und fordert unter anderem die Einführung von kirchenrechtlichen Grundlagen, die spirituellen Missbrauch strafbar machen würden.»

36 Doris Wagner, Christoph Kardinal Schönborn, *Schuld und Verantwortung. Ein Gespräch über Macht und Missbrauch in der Kirche*, Freiburg i. Br. 2019, 85.

37 Es gibt einige Priester, die öffentlich über ihren «Zölibatsbruch» sprechen: Etwa Adolf Holl, der 1976 im Fernsehen verkündete, den Zölibat gebrochen zu haben, und kurz darauf als Priester suspendiert wurde. Josef Hochstrasser war katholischer Priester in der Schweiz, konvertierte aber aus Liebe zu einer Frau zur reformierten Kirche und setzt sich seither stark für die Aufhebung des Pflichtzölibats ein. Der polnischer Priester Krzysztof Olaf Charamsa, ein Mitarbei-

ter der Glaubenskongregation, wurde nach seinem Co-
ming-out 2015, dass er seit Jahren in einer Beziehung mit
einem Mann lebt, suspendiert.

38 https://www.nzz.ch/schweiz/ein-viertel-aller-kirchenmaen-
ner-lebt-keusch-im-maximum-ld.1544376

39 Ähnlich auch Kolping-Generalsekretär Markus Demele:
«Auch die priesterliche Ehelosigkeit wird in vielen Kulturen
weniger strikt gehandhabt. Das Zölibats-Versprechen steht
so diametral zu den lokalen Vorstellungen von Männlichkeit und Sexualität, dass es in der Praxis kaum eine Rolle
spielt. Duldung durch die Hierarchie und Akzeptanz in den
Gemeinden sind in einigen Ortskirchen Afrikas, aber auch
Asiens die Regel und nicht die Ausnahme.» https://www.
katholisch.de/artikel/28706-die-weltkirche-als-totschlagar-
gument-gegen-jede-kirchenreform

40 Zu den fatalen Folgen von *Humane vitae*: Daniel Deckers,
*In innere Not gekommen. Ein Blick hinter die Kulissen von
«Humane vitae»*, in: Frankfurter Allgemeine Zeitung
Nr. 198, 27.8.2018, 7: «Weltweit dürfte die Zahl der Priester in die Hunderte, wenn nicht Tausende gehen, die unter
dem Eindruck von ‹Humane vitae› ihr Amt aufgaben. Der
Schweizer Jesuit Jakob David gab darüber hinaus zu beden-
ken: ‹Ich fürchte, dass Tausende von jungen Männern, die
daran dachten, Priester zu werden, nun einen anderen Beruf ergreifen, weil sie glauben, es mit ihrem Gewissen nicht
vereinbaren zu können, zu einer solch bedenklichen kirchlichen Aussage zu stehen. Außerdem werden viele Geistliche
noch größere Schwierigkeiten haben, das Amt des Beicht-
vaters auszuüben.›»

41 Apostolisches Schreiben *Evangelii gaudium* (2013), Nr. 16:
«Es ist nicht angebracht, dass der Papst die örtlichen Bi-

schöfe in der Bewertung aller Problemkreise ersetzt, die in ihren Gebieten auftauchen. In diesem Sinne spüre ich die Notwendigkeit, in einer heilsamen ‹Dezentralisierung› voranzuschreiten.»

42 https://worthaus.org/worthausmedien/die-schwule-frage-die-bibel-die-christen-und-das-homosexuelle-5-1-1/

43 Das deutsche Strafgesetzbuch von 1871 sah unter Paragraph 175 für «widernatürliche Unzucht» zwischen Männern eine Gefängnisstrafe und den Verlust der bürgerlichen Ehrenrechte vor. Homosexualität wurde somit in ganz Deutschland strafbar. Im Rahmen der Reform des Strafrechts in der Großen Koalition wurde 1969 gleichgeschlechtlicher sexueller Verkehr bei einem Schutzalter von 21 Jahren entkriminalisiert und für straffrei erklärt.

44 https://www.dw.com/de/polen-streit-um-festnahme-von-aktivistin-wegen-regenbogen-madonna/a-48686348

45 https://www.faz.net/aktuell/politik/ausland/lgbt-prozess-in-polen-religioese-gefuehle-verletzt-17149594.html

46 https://www.dw.com/de/polen-streit-um-festnahme-von-aktivistin-wegen-regenbogen-madonna/a-48686348

47 Der Film ist auf Polnisch mit englischem Untertitel: https://www.youtube.com/watch?v=BrUvQ3W3nV4

48 Vgl. Hans Zollner SJ, *Kinderschutzmassnahmen und -konzepte auf Ebene der katholischen Ortskirche: Was passierte in der Weltkirche?*, in: Konrad Hilpert et al. (Hg.), *Sexueller Missbrauch von Kindern und Jugendlichen im Raum der Kirche. Analysen – Bilanzierungen – Perspektiven*, Freiburg i. Br. u. a. 2020, 223–242.

49 www.meingottdiskriminiertnicht.de

50 https://www.katholisch.de/artikel/27020-initiative-menschen-erleben-in-der-kirche-taeglich-diskriminierung

51 Treffend: Magnus Striet, *Theologie im Zeitalter der Corona-Pandemie. Ein Essay*, Ostfildern 2021, 63: «Auch Jesus wollte, dass wir uns beistehen, und Solidarität ist gerade dann zu praktizieren, wenn sie besonders nötig ist.»

52 Apostolisches Schreiben *Evangelii gaudium* (2013), Nr. 47.

53 Vgl. Andrea Marco Bianca, *Scheidungsrituale. Globale Bestandsaufnahme und Perspektiven für eine glaubwürdige Praxis in Kirche und Gesellschaft*, Zürich 2015.

54 https://www.eurekastreet.com.au/article/funeral-for-a-marriage

55 Armin Heim, *Die liturgische Reformen von Pfarrer Straßer*, in: Südkurier vom 11. August 1987.

56 Vgl. Joachim Gnilka, *Die neutestamentliche Hausgemeinde*, in: Josef Schreiner (Hg.), *Freude am Gottesdienst. Festschrift für Josef G. Plöger*, Stuttgart 1983, 229–242.

57 Thomas von Mitschke-Collande, *Schafft sich die katholische Kirche ab? Analysen und Lösungen eines Unternehmensberaters*, München 2012, 201.

58 Vom Schweizer evangelischen Theologen Karl Barth (1886–1968) stammt das Wort: «Wir haben die Bibel und die Zeitung nötig. Die Zeitung gibt uns den täglichen Bericht darüber, was in der Menschheit vorgeht. Die Bibel lehrt uns, was diese Menschheit ist, die von Gott so geliebt wird.»

59 https://religionsphilosophischer-salon.de/8403_es-ist-vorbei-wenn-der-katholizismus-verschwindet-am-beispiel-des-bistums-tulle-frankreich_gott-in-frankreich

60 Weil Erzbischof Albert Rouet in seinem Erzbistum Frauen und Männer die Verantwortung für die örtlichen Gemeinden anvertraute, wurde er 2014 in Anerkennung seines «prophetischen Mutes» mit dem Herbert-Haag-Preis ausgezeichnet.

61 Auch der frühere Bischof der Diözese Évreux, Jacques Gailllot, gab Ehrenamtlichen einen großen Stellenwert in den Pfarreien. Er förderte Pfarreien, die sich ohne Priester organisierten. Ehrenamtliche konnten nach einem Kurs in ihrer Gemeinde das Taufsakrament spenden oder eine Wort-Gottes-Feier leiten. https://www.feinschwarz.net/erinnerung-an-die-zukunft-eine-denkwuerdige-begegnung-mit-bischof-gaillot/

62 Vgl. https://www.katholisch.de/artikel/17959-priester-laien-teams-wer-leitet-die-pfarreien. Gleichzeitig hat der Vatikan unlängst in einer im Juli 2020 herausgegebenen Vatikanischen Instruktion «Die pastorale Umkehr der Pfarrgemeinde» die Rolle des Priesters in der Gemeinde stark hervorgehoben und wendet sich gegen einen Einsatz von Nicht-Klerikern als Leiter*innen von Pfarrgemeinden. Der Kirchenrechtler Thomas Schüller kritisiert diese Instruktion scharf: «Das Papier beantwortet Fragen von heute mit Antworten von gestern.» (https://www.katholisch.de/artikel/26252-vatikan-laien-duerfen-keine-pfarrei-leiten-auch-bei-priestermangel) Der Basler Bischof Felix Gmür sagte nach der Veröffentlichung der neuen Vorschriften: «Unsere Leitungsmodelle sowie die Berufs- und Amtsbezeichnungen gelten weiterhin». Die Instruktion entspricht für Bischof Gmür «nicht unserer Wirklichkeit und ist obendrein theologisch defizitär und klerikalistisch verengt». (https://www.kirche-heute.

ch/wp-content/uploads/2020/08/W33-3420_Mantel.pdf)
Interessant: In Hamburg wird über eine neue Einrichtung
nachgedacht, die den Arbeitstitel „Kasualagentur" trägt.
(https://www.feinschwarz.net/aufs-radar-der-menschen-
kommen/)

63 Vgl. Albert Rouet, *Aufbruch zum Miteinander. Wie Kirche
wieder dialogfähig wird*, Freiburg 2012, 178 ff. Siehe auch:
Albert Rouet, *Un nouveau visage d'Eglise*, Paris 2005 und
Ders., *Un gout d'espérance*, Paris, 2008. Ebenso: Hadwig
Müller, *Gemeinden und Leitung im Bistum Poitiers*, in: Mi-
chael Böhnke / Thomas Schüller (Hg.), *Gemeindeleitung
durch Laien? Internationale Erfahrungen und Erkenntnisse*,
Regensburg 2011, hier: 173–196.

64 Vgl. dazu: Sammelband Stefan Kopp / Benjamin Krysmann
(Hg.), *Online zu Gott?! Liturgische Ausdrucksformen und Erfahrungen im Medienzeitalter*, Freiburg i. Br. u. a. 2020.

65 Vgl. Friedrich Wilhelm Graf, *Götter global. Wie die Welt
zum Supermarkt der Religionen wird*, München 2014.

66 Hubertus Halbfas und Torrsten Habbel, *Erliegt das europäi-
sche Christentum dem modernen Wandel?*, in: Norbert Co-
pray (Hg.), *Baustelle Christentum. Glaube und Theologie auf
dem Prüfstand*, Ostfildern 2009, 150–158, hier: 153.

67 Vgl. Otto Hermann Pesch, *Das Zweite Vatikanische Konzil*,
3. Aufl., Würzburg 1994, 22 ff.

68 Vgl. ebd. 24: «Die Kirche sollte endlich eine helfende Antwort geben auf die Probleme der modernen Welt – und
aufhören, sich gegen sie einzuigeln.»

69 Vgl. Medard Kehl, *Die Kirche. Eine katholische Ekklesiolo-
gie*, 2. Aufl., Würzburg 1993, 63 ff.

70 Vgl. Walter Kasper, *Katholische Kirche. Wesen – Wirklichkeit – Sendung*, 4. Aufl., Freiburg i. Br. 2011, 294 ff. Die Pionierleistung dazu hat bereits vor dem Konzil Yves Congar OP erbracht, in: *Jalons pour une théologie du laicat*, Paris 1953. Deutsch: *Der Laie. Entwurf einer Theologie des Laientums*, 2. Aufl., Stuttgart 1957.

71 So das Zitat auf Instagram vom 4. Februar 2021. In voller Länge: «Die Frage ist nicht, warum wir dann noch in dieser Kirche sind, sondern warum Täter (und hier schließe ich ausdrücklich die Tat-Ermöglicher und Vertuscher mit ein) noch in ihr geduldet werden und ihnen gestalterische, seelsorgliche und leitende Funktion zugestanden wird.», https://www.synodalerweg.de/fileadmin/Synodalerweg/ Dokumente_Reden_Beitraege/Online-Konferenz_Statement_Betroffenenbeitrat.pdf, 5–7, hier 6.

72 Vgl. https://www.focus.de/politik/deutschland/5000-versuche-zeitgleich-aerger-um-kardinal-tausende-koelner-treten-aus-kirche-aus-server-bricht-zusammen_id_13001910.html

Die Autorin

© Melanie Wetzel

Jacqueline Straub, Jahrgang 1990, studierte in Freiburg, Fribourg und Luzern katholische Theologie. Heute arbeitet sie als Journalistin. Seit ihrer Jugend setzt sie sich dafür ein, dass Frauen Priesterinnen werden dürfen. 2018 wählte der BBC sie deshalb zu den 100 einflussreichsten und inspiriendsten Frauen der Welt (100 Women-List). Ihre Bücher wurden in viele Sprachen übersetzt. Sie lebt in der Schweiz.

Das Buch zum aufsehen-erregenden Interview

128 Seiten | Gebunden
mit Schutzumschlag
ISBN 978-3-451-39526-0

Mit ihrem Buch über spirituellen Missbrauch hat Doris
Wagner eine gewaltige Debatte ausgelöst. Ihr Gespräch
dazu mit Kardinal Christoph Schönborn, das in Teilen vom
Bayerischen Fernsehen veröffentlicht wurde, sorgte für noch
mehr Aufsehen. In diesem Buch findet sich das vollständige
Gespräch, das weit über die TV-Doku hinausgeht. Ein
Meilenstein und unverzichtbare Grundlage für eine ehrliche
Bestandsaufnahme und radikale Wende in der Kirche.

In jeder Buchhandlung!

HERDER

www.herder.de